복음에 견고한 그리스도인

세움북스 는 기독교 가치관으로 교회와 성도를 건강하게 세우는 바른 책을 만들어 갑니다.

복음에 견고한
그리스도인

**복음의 능력을 경험하는
공동체로 이끄는 양육교재**

초판 1쇄 인쇄 2020년 11월 20일
초판 1쇄 발행 2020년 11월 25일

지은이 | 강성환
펴낸이 | 강인구
펴낸곳 | 세움북스

등 록 | 제2014-000144호
주 소 | 서울시 종로구 삼일대로 428(낙원동) 낙원상가 5층 500-8호
전 화 | 02-3144-3500
팩 스 | 02-6008-5712
이메일 | cdgn@daum.net

교 정 | 이윤경
디자인 | 참디자인

ISBN 979-11-87025-78-8 (03230)

복음에
견고한
그리스도인

강성환 지음

세움북스

목차

시작하는 말

이 책은 "복음과 교회가 무엇인가?"라는 질문으로부터 시작되었습니다

이 책은 질문으로부터 시작되었습니다. 30대 초반 목사가 된 후 교회를 섬기며 수많은 질문들이 밀려왔습니다. 저는 청년들이 새벽이슬 같은 하나님의 사람으로 일어나야 한다고 확신하고 밤이 늦도록 젊은이들과 함께했었습니다. 그때 밀려드는 질문들은 "가정이 왜 이렇게 고통스러울까? 청년들이 왜 부모님에게 이토록 큰 상처를 받았을까?" 하는 것과 "왜 청년들이 세상의 문화 속에서 강한 그리스도의 군사가 되지 못할까?"였습니다. 이 질문에 대한 답을 찾지 못하고 30대 목회 초창기를 보내었습니다. 새벽예배부터 시작하여 전도와 기도, 심방, 성경공부 등 여러 행사를 감당해야 하는 목회는 젊은 저에게도 벅찬 일이었습니다. 그때 몰려오는 질문들은 "복음이 정말 하나님의 능력인가?", "복음은 사람을 변화시키는 진리인가?"라는 것이었습니다. "성경이 말하는 건강한 교회는 무엇인가? 초대 교회와 같은 공동체가 가능한가?" 수많은 질문들이 밀려올 때마다 답답하고 힘든 30대 젊은 시간을 보내었습니다. 때때로 "내가 목회자로 살 수 있을까?" 하는 회의가 들기도 했습니다. 풀리지 않는 질문들을 안고 자주 고민하고 몸부림칠 때 하나님은 저에게 특별한 기회를 주셨습니다. 지금 돌아보면 그것은 하나님의 은혜였고, 저의 탄식을 들어주신 섬세한 하나님의 손길이었습니다.

이 은혜의 기회를 통해 잠시 미국에 다녀오게 되었습니다. 미국의 Sovereign Grace교회에 1년 동안 참여하

며 복음으로 살아가는 교회 공동체를 경험하게 되었습니다. 미국 친구들의 도움으로 영어를 싫어하는 제가 Pastors College에서 공부하게 되었습니다. 이 짧은 경험으로 30대 초반 밀려온 질문들에 대한 작은 희망을 보게 되었습니다. "복음의 능력을 경험하는 공동체"에 대한 소망이 싹트기 시작했습니다.

이 작은 소망을 품고, 아내와 저는 "무모한 도전"을 선택했습니다. 저의 인생에 한 번도 생각해 본 적이 없는 "교회 개척"을 결정한 것입니다. 저는 안정적이고 생각이 많은 사람입니다. 미래에 대한 확실한 보장이 없으면 달려가지 않는 사람입니다. 지금도 '교회 개척을 했다는 사실은 내 인생의 어마어마한 일이다'라고 생각합니다. 하나님께서 30대에 밀려오는 질문들에 대한 작은 희망을 보여주셨기에, 또 저와 아내의 마음을 몰고 가시는 거역할 수 없는 은혜들 때문에 교회를 개척할 수 있었습니다. 돌아보면 이것은 말로 다할 수 없는 감사입니다.

이 책은 한 교회가 복음을 붙들고 몸부림친 열매입니다

이 책은 한 교회가 지난 10년 동안 복음을 붙들고 몸부림치면서 배운 열매입니다. 미국의 경험을 통해서 "복음으로 견고한 교회 공동체"의 소망을 품고 교회를 시작했지만, 저는 교회 개척의 어린아이였습니다. 사실 교회 개척 초창기에 저의 마음은 '매주 복음을 설교하리라' 다짐했지만, 어떻게 하는지 알지 못했습니다. "복음을 삶에 적용하는 공동체를 세우리라"는 비전은 있었지만, 그것이 무슨 의미인지 어떻게 교회 몸 안에 작동하는지 실제 경험이 없었습니다. 그래서 저와 교회를 함께 시작했던 교회 가족들에게 진심으로 감사할 뿐입니다. "친구 여러분! 나와 같이 어설픈 사람과 함께 살아 주시고, 복음을 함께 나눌 수 있게 되어 정말 감사해요."

교회가 시작되면서 무모한 일을 했습니다. 교회의 모임을 두 개의 축으로 단순화했습니다. 복음을 설교할 수 있는 주일예배와 삶을 나누는 소그룹(공동체)을 중요하게 여겼습니다. 교회의 많은 모임과 행사를 줄였습니다. 저와 아내가 교회 초창기에 했던 일은 성도를 만나고 가정에 초대하고 찾아가고 삶을 나누는 것이었습니다. 이때부터 알게 된 사실은 성도들의 삶이 얼마나 치열하고 인생의 수많은 골짜기들이 얼마나 많은지 알게 되었습니다. 복음을 삶에 적용할 때 얼마나 고통스런 죄와의 싸움이 있는지 조금씩 이해하게 되었습니다. 가정과 결혼에 사소한 갈등으로부터 무서운 전쟁이 날마다 계속되고 있다는 불편한 사실을 알게 되었습니다.

저와 교회 가족들은 다시 배워야 했습니다. "복음이 무엇인가?", "복음으로 삶을 나누는 공동체는 어떻게 세우는 것인가?", "복음으로 가정과 결혼은 변화될 수 있는가?", "우리 마음에 숨겨진 죄와 어떻게 복음의 능력으로 싸우는가?" 다시 밀려오는 질문들과 부딪치며 배워야 했습니다. 이때 시작된 것이 소그룹 공동체 안에서 경건한 책을 함께 읽고 나누는 것이었습니다. 주일 설교를 소그룹에서 나누

는 것도 복음을 알아가는 데 큰 도움이었지만, 소그룹(공동체) 모임에서 동일한 책을 함께 읽고 삶에 적용한 것을 찾아 교제하는 것은 큰 힘이었습니다. 우리는 『죄와 세상을 이기는 능력 십자가』란 책을 시작으로 매년 1-2권씩 함께 읽고 삶에 어떻게 적용할 것인지 대화하기 시작했습니다. 분주한 일상에서 책을 읽는 과정도 쉽지 않았습니다. 먼저 책을 읽어야 하고, 그 책을 바르게 이해해가는 과정도 시간이 필요했습니다. 책의 핵심 내용을 이해하고 소그룹 모임에서 나눌 때 성도의 삶에 나타난 죄는 더욱 처절했습니다. 사람은 책을 읽고 이해했다고 금방 변하지 않는다는 것을 발견했습니다. 복음의 진리를 삶에 적용하는데 많은 시간과 과정이 필요했습니다. 서로의 반복적인 죄를 참고 기다려야 하고, 주님이 우리를 용납하셨듯이 용납하는 연습을 해야 했습니다. 때로는 자신의 죄를 고백해야 했고, 자기를 깨뜨리는 과정을 통해서 복음의 은혜를 알아 가며 자라가기 시작했습니다.

우리는 10살 된 여전히 어린 교회입니다. 그러나 이 책은 지난 10년 동안 복음! 복음을 외치면서 몸부림친 한 교회의 열매입니다. 아직은 설익은 열매이지만, 복음은 삶을 변화시키는 능력입니다. 복음은 저를 변화시켰고, 우리 가정과 교회를 변화시켰습니다. 여전히 부족함이 있지만, 저와 함께하는 성도들을 볼 때 마음에 큰 감사와 기쁨이 있습니다. "하나님의 은혜가 저 사람을 바꾸어 가시는구나! 복음의 능력이 이 가정을 자라게 하셨구나!"라고 고백할 때, 하나님의 은혜의 이야기는 앞으로도 계속되겠다는 확신이 있습니다.

이 책을 쓴 동기는 성도들이 복음에 견고한 그리스도인으로 자라기를 소망하기 때문입니다

이 책은 한 교회가 복음을 어떻게 적용하였는지에 대한 사례입니다. 저는 신학자도 아닙니다. 저는 책을 쓸 만한 은사도 없습니다. 그런데 교회가 10년이 되어 가면서 고민하기 시작했습니다. 지난 시간을 돌아볼 때 저와 교회 공동체가 "복음과 성도의 삶"을 이해하는 데 너무 고통스러운 과정이 있었다는 사실을 알게 되었습니다. 우리는 천천히 배웠고, 천천히 자랐습니다. 함께하는 시간 속에서 우리는 복음에 반항하는 망가진 죄인임을 더 많이 알게 되었고, 그때마다 복음의 찬란한 은혜를 더 많이 깨달았습니다. 이 반복적인 과정들을 통하여 우리가 배운 내용을 정리할 필요를 발견했습니다. 이 핵심 내용을 모든 성도들이 다시 기억하고 자신의 삶에 다시 적용할 필요가 있었습니다. 새롭게 교회의 가족이 되는 성도들에게 우리처럼 너무 많은 시간이 아니라 잘 정돈된 내용을 전달할 책임감이 생겼습니다. 또 간절한 소망은 "복음으로 살아가는 견고한 그리스도인"이 세워지기를 바라는 마음입니다.

이 책을 읽는 독자들에게는 복음을 고민한 한 교회의 사례집으로 보이겠지만, 우리는 "복음으로 견고한 그리스도인"으로서의 방향성을 세운 것입니다. 이 책은 복음을 명확하게 이해한 성도가 복음으로 삶을 어떻게 세울지를 정리한 내용입니다. 저에게 작은 바람이 있다면, 이 땅에 복음을 치열하게 고민하는 목회자와 교회들이 일어나는 것입니다. 복음은 동일하지만, 서로 다른 환경에서 다른 모양으로 '아름다운 복음 공동체'들이 세워지기를 소망합니다.

이 책의 구성은 이렇습니다

이 책은 8과로 구성되어 있습니다. 1과는 인생에서 가장 중요한 질문 "죄인인 우리가 어떻게 의로우신 하나님 앞에 설수 있는가?"로부터 시작합니다. 이 질문은 모든 사람들에게 해당되는 질문입니다. 이 질문 앞에 우리는 정직해야 합니다. "죄인인 나는 어떻게 하나님 나라에 들어갈 수 있습니까?" 이를 위해 하나님이 그리스도를 통하여 이루신 "오직 유일한 한 가지, 복음"이 무엇인지 배웁니다. 2과는 우리가 일생동안 붙잡고 있어야 하는 "복음의 두 기둥은 무엇인가?"를 나눕니다. 하나님이 우리를 하나님 앞에 세우기 위

해서 은혜로 주신 두 가지는 무엇입니까? 날마다 성도들이 의지해야 하는 두 가지 기둥이 무엇인지를 나눕니다. 3과는 날마다 성도의 삶에 찾아오는 세 가지 적이 무엇인지 살펴봅니다. 이 적은 율법주의, 죄책감, 주관주의(느낌, 감정, 생각)입니다. 성도는 이 세 가지 적의 정체를 바르게 이해하고, 복음으로 어떻게 이기는지를 알아야 합니다. 4과—5과는 복음을 경험한 성도는 겸손한 사람으로 성장해야 한다는 주제입니다. 복음을 알아 갈수록 우리가 죄인임을 알고, 하나님의 은혜를 알아 갈수록 우리는 겸손한 삶을 살아갑니다. 겸손은 저절로 생기지 않습니다. 겸손은 교만을 죽이고 의도적으로 훈련해야 합니다. 4과는 날마다 겸손을 세우는 네 가지 습관을 살펴보고, 5과는 일생동안 겸손의 근육을 어떻게 키울 것인지, 우리의 삶에 겸손을 훈련하는 원리를 배웁니다. 6과는 복음을 경험한 남자와 여자가 가정에서 어떻게 살 것인가 하는 것입니다. 창조자 하나님은 남자와 여자를 "하나님의 형상대로" 만드셨습니다. 남자와 여자는 하

나님이 디자인하신 역할을 따라 살아야 합니다. 성경이 말하는 남자와 여자의 역할은 그리스도와의 인격적인 관계에서 나오는 열매임을 배웁니다. 7과는 복음을 경험한 성도가 교회 공동체 안에서 열매 맺는 원리를 배웁니다. 단지 형식적이고 고민만 쏟아내는 가벼운 만남이 아니라, 복음의 은혜가 경험되는 공동체의 원리를 나눕니다. 성도의 교제 안에 죄를 고백하고 서로 섬기고 격려하며, 기도하는 것은 삼위 하나님과의 관계 안에서 나타나는 열매입니다. 8과는 하나님의 주권을 신뢰하는 삶입니다. 인생의 골짜기와 역사의 소용돌이 속에서도 복음을 경험한 성도는 하나님의 다스림을 신뢰하는 사람입니다. 인생의 영역마다 우리의 역할이 무엇인지 분별하면서 하나님의 주권을 신뢰하는 성도로 어떻게 살 것인지를 살펴봅니다.

각 과의 구성을 소개합니다

⑴생각하기가 있습니다. 이 주제에 대한 고민, 들어가는 말입니다. ⑵주제 나누기는 꼼꼼히 읽고 정리해 주십시오. 간단하지만 이 주제를 바르게 이해하고 자신의 말로 표현할 수 있을 정도까지 요약해 주시면 좋습니다. ⑶복음의 진리를 마음에 새기는 말씀은 주제와 연관된 성경 말씀을 공부합니다. 개인이 보신다면, 성경을 읽으면서 답을 달아보십시오. 소그룹 모임에서 하신다면 성경공부로도 사용할 수 있습니다. 부록 '모범 해설서'를 참고하시면 도움이 됩니다. ⑷삶에 적용하는 질문은 주제를 우리 삶에 어떻게 적용할 것인지를 나누는 내용입니다. 이 질문으로 성도의 교제를 나누며 함께 배워갈 수 있습니다. ⑸자기 체크 리스트가 있습니다. 이 주제를 잘 이해했는지 자신이 직접 확인하는 시간입니다.

이 책의 활용 어떻게 할 것인가

이 책은 성도들이 복음의 핵심 가치를 이해하고, 복음으로 어떻게 살 것인지 고민한다면 도움이 됩니다. 복음은 하나님의 능력입니다. 이 복음은 단지 지식으로만 이해하지 않고 우리 삶을 변화시키는 하나님의 능력입니다. 이것을 위해 어떻게 첫 단추를 끼고 싶은지 궁금하다면, 천천히 이 책을 읽으며 적용하기를 추천합니다. 할 수 있다면, 책을 읽고 가까운 가족이나 교회 친구들과 이 주제로 대화해 주십시오. 책을 읽는 것으로 만족하지 말고, 자신이 직접 간단하게 정리하고, 누군가에게 말할 수 있다면 더욱 풍성한 지혜를 얻을 수 있습니다.

이 책은 교회 소그룹에서 만날 때 교재로 사용할 수 있습니다. 각 주제에 대한 분량이 조금 많을 수 있습니다. 소그룹의 구성원들이 미리 주제 나누기를 읽어 오고, "복음의 진리를 마음에 새기는 말씀"과 "삶에 적용하는 질문"을 함께 나눈다면 90-120분 정도의 소그룹 모임을 할 수 있습니다. 복음을 경험한 성도의 삶이 변화되는 가장 좋은 환경은 "소그룹"입니다. 하나님의 말씀으로 씨름하고 자신의 삶을 진솔하게 나누며 상호 책임지는 소그룹 공동체는 성도의 삶에 가장 중요한 은혜의 통로입니다.

이 책은 복음을 경험한 성도가 다른 지체를 "일대일로 제자 양육"할 때 효과적입니다. 일대일 양육은 소그룹 모임과 함께 제자를 삼는 최고의 방법입니다. 얼굴과 얼굴을 맞대고 서로에게 집중하며 친밀한 삶을 나눌 때 피상적인 교제가 아니라 삶을 변화시키는 교제가 가능합니다. 복음을 경험한 그리스도인은 제자입니다. 제자는 다른 제자를 낳아야 합니다. 하나님의 은혜를 경험한 제자는 다른 제자를 낳는 과정에서 자신이 심각한 죄인임을 더욱 깨닫고, 복음 안에 부어 주신 하나님의 사랑을 알아 가며 예수님을 닮아 가게 됩니다.

감사의 말

이 책은 주님의 은혜교회 성도들을 만남으로 나오게 되었습니다. 그 어떤 감사의 말로도 다 표현할 수 없습니다. "감사합니다. 부족한 저와 함께해 주셔서 감사합니다. 이 책은 주님의 은혜 가족들과 씨름한 이야기입니다. 여러분은 인생의 골짜기를 지나며 함께 웃고 울었던 친구입니다. 성도님들이 저를 인내해 주셨고 용납해 주신 것에 감사합니다. 여러분들의 기도로 제가 복음을 알아가며 성장했습니다. 이 책은 우리가 함께 교제하며 배운 작은 열매입니다. 우리는 앞으로도 복음 안에서 교제하며 함께 성장해 갈 것입니다. 저의 모든 마음을 다해 사랑하며 감사한 마음을 전합니다."

진심으로 저의 마음에 감사한 한 사람은 나의 친구 Larry Malament입니다. 그는 삶으로 본을 보여 준 나의 멘토입니다. 이 특별한 만남을 통해 저는 복음 중심의 교회와 공동체의 중요함을 배웠습니다. 지금까지 겸손과 인내로 섬겨준 Larry에게 진심으로 감사한 마음을 전합니다.

저의 인생에 소중한 분은 부모님입니다. 아버지와 어머니는 인생의 고난 속에서 한평생 교회를 사랑하시고 견고한 그리스도인의 본을 보여 주셨습니다. 저의 인생에 최고의 선물은 아내, 길미란입니다. 그녀는 나의 최고의 격려

자이고 인생의 동반자입니다. "미란씨, 당신과 함께 한몸을 이루며 사는 것은 말로 다할 수 없는 기쁨입니다."

우리는 코로나 바이러스로 인하여 예측 불가능한 재난 사회를 살고 있습니다. 교회와 성도는 한 번도 가 보지 않은 길, 당황스러운 골짜기를 함께 지나고 있습니다. 그러나 복음은 진리입니다. 복음은 사람을 구원하시는 변함없는 하나님의 능력입니다. 예측 불가능한 재난 사회일수록 더욱 복음은 필요합니다. 세상은 복음으로 살아내는 공동체를 고대하고 있습니다. 우리가 동일한 소망으로 함께 씨를 뿌릴 때, 은혜의 하나님이 우리를 긍휼히 여기실 것을 확신합니다. 이 땅 구석구석마다 건강한 복음 공동체가 일어나기를 함께 소망합니다.

복음으로 세워지는 공동체를 소망하며
강성환

1과

오직 유일한 복음

🧠 생각하기

당신의 삶에 가장 유일하고 중요한 한 가지는 무엇입니까? 제리 브리지스(Jerry Bridges)는 "복음은 인류 역사상 가장 중요한 메시지일 뿐 아니라, 유일하게 필요 불가결한 메시지입니다. 그럼에도 우리는 그리스도인이라 자처하는 수많은 사람들이 복음에 대해 명확한 이해도 없이, 그리고 복음에 의해 살아가는 삶의 기쁨을 경험하지도 못한 채 살아가도록 내버려두고 있습니다"라고 말합니다.[*]

당신은 복음을 분명히 이해하고, 복음의 기쁨을 경험하고 있습니까? 만일 당신이 복음의 능력과 기쁨을 잃어버렸다면, 인류 역사상 가장 중요한 메시지와 유일한 진리를 잃어버린 것입니다.

바울은 로마교회 성도들에게 "내가 복음을 부끄러워하지 아니하노니 이 복음은 모든 믿는 자에게 구원을 주시는 하나님의 능력이 됨이라"(롬 1:16)고 말합니다. 이 말씀은 우리에게 "당신은 복음을 믿는 자로서, 구원을 주시는 하나님의 능력을 경험하고 있습니까?"라고 질문하고 있습니다.

복음의 능력은 구원하시는 능력이며, 우리 삶의 모든 것을 변화시키는 능력입니다. 복음은 불신자일 때 잠깐 필요한 기쁜 소식이 아니라, 성도로 살아가는 모든 삶을 변화시키

[*] 제리 브리지스, 『날마다 자신에게 복음을 전하라』(서울: 네비게이토, 2005), p.58.

고 구원하는 능력입니다. 이 과에서 우리는 날마다 붙잡아야 하는 유일한 복음이 무엇인지를 배우고자 합니다. 또한 이 복음을 하찮게 여기는 것이 아니라, 인생의 중심에 꽉 붙잡고 날마다 자신에게 복음을 선포하는 그리스도인이 되어야 합니다.

주제 나누기

D. A. 카슨(D. A. Carson)은 "내가 우려하는 것은 십자가를 부인하는 일이 아니다. 십자가가 마땅히 있어야 할 중심 자리에서 밀려나고 지나치게 부풀려진 주변적 통찰들이 그 자리를 차지하는 위험스런 현상이다. 주변적인 것이 중심적인 것을 대신할 위험은 점차 우리를 우상 숭배로 이끌게 된다"*고 말합니다. 오늘날 안타깝게도 그의 염려처럼 교회 안에 주변적인 통찰들이 새로운 것이라는 이유로 끊임없이 유행하고 있습니다. 치유와 기적, 경배와 찬양, 창조론, 결혼 생활과 자녀양육, 종말론 등이 그것입니다. 성실하고 열심인 성도들 중에서 이 주제들 중의 하나를 삶의 중심으로 삼는 것을 많이 봅니다. 물론, 이 주제들은 중요합니다. 그러나 어떤 주제일지라도 복음의 자리를 밀어내고 우리 삶의 중심을 차지하도록 허용해서는 안 됩니다. 복음을 잃어버린 이 시대에 우리는 다시 복음을 삶의 중심으로 꽉

* C. J. 매허니, 홍종락 역, 『죄와 세상을 이기는 능력 십자가』(서울: 요단, 2006), p.29.

붙잡아야 합니다.

복음은 무엇입니까? 복음은 예수 그리스도이십니다(롬 1:2-4). 복음은 "성경대로 그리스도께서 우리 죄를 위하여 죽으시고 장사 지낸 바 되셨다가 성경대로 사흘 만에 다시 살아나"(고전 15:3-4)신 것입니다. 다시 말하면, 복음은 성경대로 하나님의 아들 예수 그리스도가 세상에 오셔서 나를 위해 완전한 삶을 사시고, 나를 위해 십자가에서 하나님의 진노를 담당하시고 죽으시고 부활하신 것입니다. 이 복음이 모든 믿는 자를 구원하시는 하나님의 능력이고, 성도가 날마다 전해야 하는 복음입니다.

모든 사람에게 중요한 질문이 있습니다. "불의한 죄인인 우리가 어떻게 의로우신 하나님 앞에 설 수 있습니까?" 복음에는 하나님의 의가 나타났다(롬 1:17, 3:21)고 하는데, 이것은 무엇입니까? 우리는 롬 3:23-24을 통하여 불의한 죄인을 의롭다 하시는 복음을 살펴보고자 합니다. 죄인인 인간을 어떻게 의로우신 하나님 앞에 설 수 있게 하는지 복음의 핵심을 나누고자 합니다.

첫째, 죄인을 의롭다 하시는 복음

롬 3:23-24은 말하기를 "모든 사람이 죄를 범하였으매 하나님의 영광에 이르지 못하더니 그리스도 예수 안에 있는 속량으로 말미암아 하나님의 은혜로 값없이 의롭다 하심을 얻은 자 되었느니라"고 합니다. 무엇이 보입니까? 하나님의 영광에 이르지 못하는 불의한 죄인을 하나님께서 의롭다고 하시는 것이 보입니까? 우리는 이 복음을 매일 자신에게 선포해야 합니다. 다시 말씀을 보십시오. 23절에 무엇이 보입니까? 한쪽에 죄를 범한 모든 사람이 보입니다. 다른 한쪽에 영광 가운데 계신 거룩하시고 의로우신 하나님이 보입니다. 슬픈 사실은 죄를 범한 모든 사람은 하나님의 영광에 이르지 못합니다. 그 누구도 거룩하신 하나님 앞에 설 수 없습니다. 한 사람도 의로우신 하나님이 계시는 영광의 나라에 이를 수 없습니다. 그 이유는 모든 사람은 죄인이기 때문입니다. 오직 죄인에게는 심판만이 기다리고 있습니다.

　　어떤 사람들은 말하기를 "세상에 선하고 착한 일을 하는 의로운 사람들이 있는데, 왜 한 명도 하나님 앞에 설 수 없습니까?"라고 질문합니다. 여기서 중요한 것은 옳고 그름을 누가 평가하는가입니다. 만일 초등학교 축구팀을 만든다면, 누가 선수를 선발합니까? 초등학교 축구 감독이 평가해서 누구든지 축구팀에 들어오게 할 수 있습니다. 그러나 국가 대표 축구팀을 만든다면, 누가 평가합니까? 국가 대표 감독이 평가합니다. 아무나 국가 대표 선수가 될 수 없습니다. 최고 대표팀 감독의 기준에 합당한 축구 실력을 가진 사람만이 들어갈 수 있습니다. 그렇다면 하나님 나라에 들어갈 때 누가 평가합니까? 거룩하시고 의로우신 하나님이십니다. 하나님이 평가하는 의의 수준에 완벽하게 순종하는 사람만이 하나님의 영광의 나라에 들어갈 수 있습니다. 하나님 나라의 수준은 95점이 아닙니다. 99점도 아니고 완전한 의입니다. 하나님의 기준은 단지 율법을 행동으로만 지키는 정도가 아니라, 마음의 동기와 생각까지 하나님 앞에서 의로워야 합니다. 성경은 "모든 사람이 죄를 범하였으매 하나님의 영광에 이르지 못하더니"(롬 3:23)라고 합니다. 하나님의 의로우심 앞에 "의인은 없나니 하나도 없으며……선을 행하는 자는 없나니 하나도 없고"(롬 3:10-12), "온 세상이 하나님의 심판 아래 있다"(롬 3:19)고 합니다.

그런데 24절에 무엇이 보입니까? 불의한 죄인을 하나님의 영광의 자리에 세우는 길이 보입니다. 팀 켈러(Tim Keller)는 "역사상 처음이자 마지막으로 하나님께 나아가는 한 번도 들어 본 적이 없는 길이 나타났다*"고 말합니다. 불의한 죄인이 하나님께 의롭다 하심을 얻는 구원의 길이 등장한 것입니다. 이 길이 역사 가운데 나타나려면, 어마어마한 큰 사건이 일어나야 합니다. 그 큰 사건은 하나님이 자기 아들 예수 그리스도의 삶과 십자가의 죽음을 통하여 완성하신 일로 죄인을 의롭다고 하는 길을 세우신 것입니다. 이것이 '칭의(稱義)'이며, 하나님의 은혜의 복음입니다.

웨스트민스터 대교리문답 제70문답에 '칭의'에 대해서 이렇게 말합니다. "칭의는 하나님이 죄인들에게 값없이 주시는 은혜의 행위로써 그가 그들의 모든 죄를 용서하시고 그들의 인격을 의롭다고 보아 받아 주시는 것인데, 이는 결코 그들의 노력이나 성취가 아니

* 팀 켈러, 김건우 역, 『당신을 위한 로마서 I』(서울: 두란노, 2014), p.132.

라, 오로지 하나님께서 그들에게 전가시키고 믿음만으로 받아들인 그리스도의 완전한 순종과 전적인 만족 때문이다.”[*]

　　‘칭의’라는 용어는 법정에서 사용하는 말입니다. 신 25:1에서 “재판장은 그들을 재판하여 의인은 의롭다 하고 악인은 정죄할 것이며”라고 합니다. 재판장은 오직 두 가지 판결만 내립니다. 하나는 죄가 없는 사람은 ‘의롭다’고 선언하며, 다른 하나는 죄가 있는 악인은 ‘죄 있다’라고 정죄하는 선언을 합니다. 이처럼 칭의란 하나님이 우리 안에 어떤 것을 도덕적으로나 윤리적으로 의롭게 바꾸는 것이 아니라, ‘죄 없다. 의롭다’는 법적 선언입니다.[**] 그러므로 ‘칭의’는 하나님이 죄인들에게 값없이 주시는 은혜로써 2가지를 선언합니다. 첫째, 우리의 모든 죄가 용서되었다. “너는 죄 없다”고 선언합니다. 둘째, “너는 의롭다”고 선언합니다.

　　한 방송에서 현대판 신데렐라 성공기 순위를 공개했습니다.[***] 신데렐라 1위는 노르웨이 왕세자비가 된 ‘메테 마리트(Mette- Marit)’라고 했습니다. 그녀는 어린 시절에는 정부보조금을 받고 자랐고, 대학에서는 마약에 중독되어 마약 운반까지 했습니다. 심지어 마피아와 동거하여 아들까지 출산했습니다. 그러다 한 콘서트장에서 왕세자와 만나 동거를 시작했고, 결혼 발표를 했습니다. 이후에 국민들이 메테 마리트의 충격적 과거를 듣고서 분노하여 많은 국민들이 결혼을 반대했습니다. 이때 노르웨이 왕실 지지율이 급격하게 추락했

[*] 가이 워터스, 신호섭 역, 『칭의란 무엇인가』(서울: 부흥과 개혁사, 2011), p.35.
[**] 가이 워터스, 앞의 책, p.36-37.
[***] https://www.newsen.com/news_view_prt.php?uid=2017052714232264110

다고 합니다. 그러나 그녀가 결혼 전 기자회견을 통해 눈물로 용서를 빌자, 국민들이 마음을 돌이켜 결혼에 골인한 신데렐라가 되었다고 합니다.

우리는 누구입니까? 우리는 하나님의 저주와 심판 아래 있는 죄인이었습니다. 우리의 과거는 충격적입니다. 우리의 온 마음과 본성은 하늘 왕의 자녀가 될 수 없을 정도로 부패한 죄인이었습니다. 우리 같이 부패한 죄인이, 우리 같이 의롭지 않은 죄인이 어떻게 하늘의 왕의 자녀의 신분을 얻어 신데렐라가 되었습니까? 이것이 가능하려면, 왕이신 하나님께서 죄인인 우리를 '죄 없다'고 선언해야 하며, 의롭지 않은 우리를 '의롭다'고 선언해야 합니다. 하나님이 어떻게 예수 그리스도의 삶과 죽음을 통해 우리를 의롭다고 하시는지 복음의 진수를 살펴보겠습니다.

둘째, 하나님은 어떻게 불의한 죄인을 의롭다고 선언하시는가?

하나,
'죄 있다'는 문제를 하나님은 어떻게 해결하셨습니까?

우리는 하나님의 법을 위반한 죄인으로서 형벌을 받게 되어 있었습니다. 성경이 율법을 위반한 자에게 묘사한 단어는 '저주'입니다. 갈 3:10에서 "무릇 율법 행위에 속한 자들은 저주 아래에 있나니 기록된 바 누구든지 율법 책에 기록된 대로 모든 일을 항상 행하지 아니하는 자는 저주 아래에 있는 자라 하였음이라"라고 합니다. 율법의 모든 일을 항상 행하지 아니하는 자는 저주 아래 있다고 합니다. 우리의 문제는 우리가 하나님의 모든 법을 항상 행하지 않는 죄인이기에 하나님의 저주 아래 있는 것입니다.

세상에서 가장 어려운 문제는 '하나님의 저주 아래 있는 자'를 '죄 없다'고 하는 것입니다. 만일, 한 사람이 가족을 살해하고 살인자로서 법정에 섰다고 합시다. 재판관이 판결하기를 "나는 사랑이 많고 자비가 많은 재판장이기에, 이 살인자에게 무죄를 선고하노라"고 한다면 이 재판관은 공의롭습니까? 아닙니다. 이 재판관은 공의를 세우지 못했기에 불의합니다. 하나님은 공의로우신 분입니다. 하나님이 "나는 사랑이니 무조건 죄를 용서하노라"고 하신다면 하나님은 불의합니다. 의로우시고 거룩하신 하나님은 죄인을 그냥 '죄 없다'고 할 수 없습니다. 이것은 하나님의 의로우심을 포기하는 가증한 일입니다. 의로우신 하나님이 죄인인 우리를 '죄없다'고 선언하는 것은 참으로 어려운 문제입니다.

그렇다면, 어떻게 죄인인 우리가 '죄 없다'고 할 수 있습니까? 하나님의 해법은 예수 그리스도를 우리 대신 저주하시는 것입니다. 갈 3:13에 "그리스도께서 우리를 위하여 저주를 받은 바 되사 율법의 저주에서 우리를 속량하셨으니"라고 합니다. 그리스도가 십자가에서 우리가 받아야 하는 저주를 우리 대신 친히 받으셨습니다. 이제 우리가 받아야 하는 저주는 없습니다. 우리가 받아야 하는 심판은 남아 있지 않습니다. 그래서 하나님은 우리에게 '너는 죄 없다'고 선언하십니다.

'속량(贖良)'이란 무슨 뜻입니까? 롬 3:24에 "그리스도 예수 안에 있는 속량으로 말미암아"라고 합니다. 갈 3:13에도 '속량'이란 단어가 등장합니다. '속량'의 뜻은 '값을 주고 사다'는 말입니다. 이 단어는 옛날 농경 사회에서 사용했습니다. 한 사람이 빚을 갚기 위해 자신을 노예로 팔았는데, 어떤 사람이 노예의 몸값을 지불하고 그에게 자유를 준 것을 속량했다고 합니다. 다시 말하면, 예수님이 우리를 위해 죽으셨을 때 그리스도가 우리 대신 심판을 받으시고, 우리의 저주를 담당하시고, 죗값을 지불하시고, 우리에게 자유를 주셨다는 말입니다. 이제 우리는 죄의 문제를 해결한 자유인이 되었습니다. 그래서 하나님은 예수를 믿는 자를 '죄 없다'고 선언하실 수 있습니다. 그 이유는 이미 죄의 저주와 심판을 십자가 위의 아들에게 부으셨기 때문입니다.

우리가 기억할 것은 '죄 없다'는 하나님의 선언은 죄의 일부분만 용서를 얻는 것이 아니라 우리의 모든 죄와 허물을 용서하셨다는 뜻입니다. 우리는 과거, 현재, 미래의 모든 죄를 용서받았습니다. 이미 모든 죄의 값이 지불되었습니다. 마치 과거의 죄는 다 용서받았지만, 미래의 용서는 "네가 예배도 잘 드리고, 말씀도 잘 보아야 용서할 것이다"가 아닙니다. 예수 그리스도가 십자가에서 우리 대신 과거의 죄의 저주를 받으셨고, 현재의 죄의 심판을 받으셨고, 미래의 죄의 형벌까지 다 받으시고, 우리를 '죄 없다'고 선언하십니다. 이제 슬퍼할 이유가 없습니다. 하나님이 아들을 통하여 하신 일로 기뻐할 일만 남았습니다.

둘,
'의롭지 않다'는 문제를 하나님은 어떻게 해결하셨습니까?

인간이 하나님의 영광에 나아갈 수 있는 두 길이 있습니다. 하나는 하나님이 하신 일을 믿음으로 하나님의 영광에 들어가는 길이고, 다른 하나는 하나님이 주신 말씀, 율법을 하나도 빠짐없이 항상 순종한다면 의롭게 되어 하나님의 영광에 참여할 수 있는 길입니다. 그러나 우리의 문제는 율법 전체를 순종함에 있어서 실패했기 때문에 누구도 하나님을 만족시킬 만한 의로움이 없습니다. 그 어떤 사람도 자신이 쌓은 의로움으로는 하나님 나라에 들어갈 수 없습니다.

"너희가 용서받았다. 죄가 없다"는 선언은 이루 말할 수 없는 하나님의 자비입니다. 그러나 '죄 없다'는 선언만으로 하나님의 영광, 천국에 참여할 수 없습니다. 그는 죄의 용서만 받았지, 하나님이 인정하는 아무런 의가 없기 때문입니다. 예를 들어, 사업을 하다가 100억의 빚을 졌다고 합시다. 완전히 파산 상태에 있을 때 아버지가 100억의 부채를 갚아 주었습니다. 이것은 기쁜 일이지만, 이제 통장은 '제로'상태입니다. 다시 말해, '죄 없다'는 선언은 제로! 상태일 뿐입니다. 이 선언은 하나님의 영광에 참여할 인정을 받을 의가 아무 것도 없다는 말입니다.

그렇다면, 어떻게 의롭지 않은 우리가 하나님이 만족하시는 의로움을 얻을 수 있었습니까? 하나님의 해법은 예수 그리스도가 우리를 대신하여 완전한 순종의 삶을 사시고, 예수를 믿는 자에게 그분이 이루신 의를 우리에게 선물로 주시는 것입니다.

예수는 율법 아래에 태어나셨고, 일생동안 율법에 순종하며 사셨습니다. 예수님은 일생동안 죄가 없으셨고, 역사 가운데 하나님이 만족할 유일한 의인이십니다. 예수님은 33년 동안 완전한 순종과 흠 없는 의로운 삶을 사셨습니다. 우리가 그리스도를 믿을 때, 하나님은 그리스도가 이루신 의를 우리에게 선물로 주셨기에 '너희는 의롭다'고 선언하실 수 있습니다(롬 3:28). 이것이 얼마나 놀라운 은혜입니까? 우리는 한경직 목사만큼 의로운 것이 아니며, 아브라함만큼 의로운 것이 아닙니다. 그러나 우리는 그리스도만큼 참되고 의롭게 되었습니다. 이 의는 우리의 행함으로 쌓은 초라한 의가 아니라, 그리스도가 완전하게 순종하신 의이기에 우리는 그리스도만큼 의롭게 되었습니다. 이 의는 오직 하나님께로부터 온 의이며, 믿음으로 얻은 의입니다(빌 3:9).

팀 켈러는 "복음이란 하나님이 완전무결한 의를 만드신 후에, 그 의를 우리에게 주셔서 그 의로 말미암아 우리가 하나님께 받아들여지는 것이다. 이것이야말로 복음의 유일무이한 면으로 다른 모든 종교와 세계관, 그리고 인간이 믿는 모든 것을 무효로 만든다"*고 말합니다.

이 놀라운 복음을 명확히 기억하기 위해 간단하게 책 예화로 설명해 보겠습니다. 여기 책 한 권이 있습니다. 이것은 우리 전 인생의 모든 사건들이 하나하나 기록된 장부입니다. 이 책에는 우리의 태어날 때부터 죽을 때까지 나의 모든 생각, 말, 행동, 동기가 다 기록되어 있습니다. 한마디로 말하면 나의 죄들이 기록된 장부입니다. 우리는 죄 있는 자입니다. 누구도 하나님 앞에 설 수 없는 망가진 죄인입니다. 예수님이 십자가에서 이 모든 죗값을, 모든 진노와 형벌을 대신 받으시고, 이 책의 모든 죄의 기록을 다 지워 주셨습니다. 우리의 죄의 장부는 깨끗하게 되었습니다. 그러나 텅 빈 장부만으로는 충분하지 않습니다. 우리는 여전히 의롭지 않기에, 누구도 하나님 앞에 설 수 없습니다. 그런데 하나님은 그리스도의 완전한 의를 우리에게 옮기셨습니다. 그리스도께서 33년 동안 사신 완전한 순종과 의의 기록들을 우리 책에 다시 기록하셨습니다. 우리는 그리스도의 순종과 의로 가득 찬 장부, 책을 가지고 하나님 앞에 나아갑니다. 다시 말해, 우리는 오늘 "마치 한 번도 죄를 지은

* 팀 켈러, 앞의 책, p.133.

적이 없는 것처럼 깨끗한 장부를 가지고 있는 '완전히 용서받은 자녀'이며, 마치 늘 순종해 온 것처럼 그리스도의 완전한 의로 가득 찬 장부를 가지고 있는 '완전히 의로워진 자녀'입니다."* 이것이 복음입니다. 하나님이 예수 그리스도를 통하여 이루신 구원의 사역을 믿는 자에게 값없이 의롭다 하십니다.

존 파이퍼(John Piper)는 "롬 3:23-24의 이 두 구절의 내용은 우리의 문제를 해결하기 위해 인간이 집필한 만권의 책보다 훨씬 중요합니다. 이 진리를 기초로 인생을 세워 간다면, 백 가지 환란에도 흔들리지 않을 것입니다. 두 구절을 인생의 태양계 속에서 중심 태양으로 삼는다면, 나머지 행성들은 하나님의 뜻을 중심으로 조화를 이루며 운행할 것입니다. 하지만 이 말씀을 인생의 변두리에 내던져 버린다면 우리의 삶이 혼돈과 불확실성과 두려움과 약점으로 둘러싸인다 해도 놀랄 이유가 없습니다. 반드시 이 말씀을 기억하고 묵상하고 마음과 생각에 묶어 두어야 합니다"**라고 말했습니다.

이 복음은 우리의 인생에서 가끔 기억해야 하는 진리가 아닙니다. 이 복음이 우리 인생의 두 번째, 세 번째로 밀려나서는 절대로 안 됩니다. 우리는 이 영광스런 복음을 날마다 마음에 꽉 붙잡고 살아야 합니다. 인생의 모든 날 동안, 이 복음을 삶의 중심에 두어야 합니다. 날마다 유일한 복음을 자신에게 선포해야 합니다.

* 제리 브리지스, 밥 베빙튼, 오현미 역, 『견고함』(서울: 두란노, 2010), p.29-32.
** 존 파이퍼, 주지현 역, 『로마서 강해 2』(서울: 좋은 씨앗, 2014), p.75-76.

복음의 진리를 마음에 새기는 말씀

❶ 니고데모가 예수를 찾아왔습니다. 니고데모는 유대 사회에서 어떤 사람입니까?

요 3:1 바리새인 중에 니고데모라 하는 사람이 있으니 유대인의 지도자라.

_____

_____

_____

❷ 예수님은 니고데모에게 하나님 나라에 들어가려면 어떻게 해야 한다고 하십니까?

요 3:5 예수께서 대답하시되 진실로 진실로 네게 이르노니 사람이 물과 성령으로 나지 아니하면 하나님의 나라에 들
어갈 수 없느니라.

_____

_____

_____

예수님과 니고데모의 만남입니다. 니고데모는 유대 사회에서 성공한 사람입니다. 예수님은 니고데모가 거듭나지 않으면 하나님 나라에 들어갈 수 없다고 하십니다. 그 이유는 무엇입니까? 예수님은 어떻게 하나님의 나라에 들어갈 수 있다고 하십니까? 롬 3:23-24의 복음의 핵심과 연결해서 묵상하면 큰 기쁨이 있습니다.

❸ 하나님 나라에 들어가기 위해 물과 성령으로 나야 한다는 말은 무슨 뜻입니까? 말씀을 읽고 대화하세요.

겔 36:25-27 맑은 물을 너희에게 뿌려서 너희로 정결하게 하되 곧 너희 모든 더러운 것에서와 모든 우상 숭배에서 너희를 정결하게 할 것이며, 또 새 영을 너희 속에 두고 새 마음을 너희에게 주되 너희 육신에서 굳은 마음을 제거하고 부드러운 마음을 줄 것이며, 또 내 영을 너희 속에 두어 너희로 내 율례를 행하게 하리니 너희가 내 규례를 지켜 행할지라.

_____

_____

❹ 니고데모는 땅에서 성공한 사람이지만 그가 이룬 것으로는 하나님 나라에 들어갈 수 없습니다. 예수님은 어떻게 하나님의 구원의 일을 한다고 하십니까? 니고데모가 구원을 받기 위해 필요한 것은 무엇입니까?

요 3:14-16 모세가 광야에서 뱀을 든 것 같이 인자도 들려야 하리니 이는 그를 믿는 자마다 영생을 얻게 하려 하심이니라. 하나님이 세상을 이처럼 사랑하사 독생자를 주셨으니 이는 그를 믿는 자마다 멸망하지 않고 영생을 얻게 하려 하심이라.

_____

_____

❺ 불의한 죄인인 우리가 어떻게 하나님 앞에 설 수 있습니까? 하나님이 하신 일은 무엇입니까? 우리가 해야 할 일은 무엇입니까?

_____

_____

_____

_____

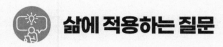 **삶에 적용하는 질문**

❶ 당신은 과거에 복음이 무엇이라고 생각하고 있었는지 말해 보세요. 이 주제를 통해서 복음이 무엇인지 새롭게 알게 된 것은 무엇입니까?

_____

_____

_____

❷ 오직 유일한 복음! 핵심 정리를 해 봅시다. 인간의 두 가지 문제는 무엇입니까? 죄인인 인간이 의로우신 하나님 앞에 어떻게 설 수 있는지, 예수 그리스도께서 이루신 일을 자신의 말로 설명해 주세요.

_____

_____

❸ 여기 한 권의 책이 있습니다. 이 책을 사용하여, 다른 사람에게 복음을 간단하게 설명하세요.

❹ 최근에 이 복음을 깨닫게 되어 누린 자유와 기쁨을 나누세요. 나의 결혼 생활, 자녀 양육에서 "하나님이 죄인인 나를 용서하셨다. 나를 의롭게 하셨다"는 복음을 선포하며 자신이 누린 유익이 있다면 나누세요.

❺ 예수님은 우리의 하늘에 계신 중보자이십니다. 우리의 기도를 들으십니다. 최근 자신과 가정의 기도 제목을 나누세요. 서로를 위하여 함께 기도하세요.

자기 체크 리스트

복음알기

1. 롬 3:23-24 말씀으로 복음을 설명하세요. ☐

2. 인간의 두 가지 문제는 무엇입니까? ☐

3. 하나님께서 '죄인인 우리'를 위해 '죄 없다'고 선언하실 수 있는 이유를 말하세요. ☐

4. 하나님께서 '의롭지 않은 우리'를 위해 '의롭다'고 선언하실 수 있는 이유를 말하세요. ☐

5. 하나님께서 죄인인 나를 의롭다고 하시는 복음을 믿습니까? ☐

복음 적용하기

1. 복음을 가족과 친구에게 '책 예화'를 사용해서 말로 전해 보세요(1-2명). ☐

2. 이 복음을 전해야 할 전도 대상자 1-2명을 위해 기도하세요. ☐

2과

복음의
두 기둥을
의지하라

🧠 생각하기

책장에 책들을 세워 놓으려면 양쪽 끝에 책 받침대가 있어야 합니다. 만일 양쪽 끝에 책 받침대가 없다면 책이 한쪽으로 쓰러집니다. 책꽂이에 꽂힌 책들은 인생을 살면서 당신이 행하는 모든 일들을 나타내는 책들입니다. 예를 들면, 직장 생활, 가정 생활, 교회 생활, 이웃과의 만남, 삶의 비전 등입니다. 인생의 책꽂이에 꽂힌 책들은 일상적인 주제도 있지만, 영적인 책들도 있습니다. 매일의 삶 속에서 우리는 다양하고 복잡한 주제를 동시에 다루다가 좌절하기도 하고 혼란스러워 하기도 합니다. 만일, 한두 권의 책이 약간만 기울어지면 한꺼번에 쓰러지는 참사가 일어날 수 있습니다. 그러나 양쪽 끝에 두 개의 튼튼한 책 받침대가 있다면 위험을 없애고 견고하게 설 수 있습니다.*

책장의 두 개의 책 받침대처럼, 그리스도인이 인생의 마지막 순간까지 꽉! 붙잡고 있어야 하는 두 기둥을 소개합니다. 이 두 개의 기둥을 의지하면, 인생의 형통한 날이나 곤고한 날도 넉넉히 이길 수 있습니다. 당신은 인생에서 가장 중요한 두 기둥이 무엇인지 아십니까?

하나님은 구약의 백성들에게 두 가지 놀라운 약속을 주셨습니다. 그 약속은 '그리스도가 오시리라'는 것과 '성령이 오시리라'는 약속입니다. 신약의 성도들에게 이 두 가지 약

* 제리 브리지스, 밥 베빙튼, 오현미 역, 『견고함』(서울: 두란노, 2010), p.12-14.

속은 성취된 복음입니다. 이미 성경의 약속대로 하나님의 아들 그리스도가 오셨고 우리를 위하여 십자가에서 죽으시고 부활하셨습니다. 또한 복음을 믿는 자에게 약속대로 성령이 오셨습니다. 이제 성도는 복음을 믿음으로 그리스도와 연합한 자가 되었으며(롬 6:4-5), 하나님 앞에 설 때까지 성령과 함께 땅에서 살아가는 특별한 존재입니다(롬 8:15-16). 성도는 이 놀라운 정체성을 알고, 세상을 여행하는 나그네입니다.

　　　당신은 복음의 두 기둥을 날마다 의지하고 있습니까? 우리는 이 과를 통해서 복음의 두 기둥이 무엇인지 배웁니다. 첫째, 그리스도를 의지하고 그리스도께서 주신 의를 의지하는 것이 무엇인지 살펴봅니다. 둘째, 성령과 함께 동행하며 성령의 능력을 의지하는 기쁨을 나눕니다.

주제 나누기

제리 브리지스는 말하기를 "우리가 믿음으로 그리스도와 연합할 때 하나님은 우리 인생의 책꽂이에 두 개의 책 받침대를 놓아 주신다. 하나는 그리스도의 의고, 또 하나는 성령의 능력이다"[*]라고 합니다. 하나님께서 그리스도인들에게 견고하고 튼튼한 두 개의 기둥을 주셨

* 제리 브리지스, 밥 베빙튼, 앞의 책, p.16.

습니다. 이 두 개의 기둥을 의지하기만 하면 충분히 그리스도인으로서 승리하며 살 수 있습니다. 이 두 기둥은 예수 그리스도를 믿는 모든 그리스도인들에게 주신 하나님의 은혜의 선물입니다. 하나는 '그리스도의 의'의 기둥이고, 또 하나는 '성령의 능력'의 기둥입니다. 이 두 기둥은 우리 인생의 모든 영역을 충분히 받쳐줄 만큼 견고하고 안전합니다. 이 두 기둥은 하나님이 복음 안에서 주신 선물이지만 모든 삶에서 이 기둥을 의지하는 것은 우리의 책임입니다. 날마다 우리의 싸움은 이 복음의 기둥을 의지할 것인가, 내 힘과 노력으로 쌓은 것을 의지할 것인가의 싸움입니다. 복음의 두 기둥이 무엇인지 살펴보겠습니다.

첫째, '그리스도의 의'의 기둥을 날마다 의지하라

하나님은 모든 그리스도인에게 영원한 '그리스도의 의'를 선물로 주셨습니다(고후 5:21). 그러나 많은 그리스도인들이 견고하고 안전한 '그리스도의 의'를 삶에서 가볍게 여기고, '자신의 행위, 자신의 의'를 의지하며 살아갑니다. '자신의 행위, 자기 의'라는 기둥은 너무 허약해서 자신도 만족하지 못합니다. '자기가 쌓은 의'는 오히려 자신을 교만하게 하며, 이웃을 경멸하고 다른 사람을 시기하고 혼란에 빠집니다. 우리는 어떻게 매일 '그리스도의 의'의 기둥을 의지할 수 있을까요?

하나,
자신이 '절망적인 죄인'임을 항상 인식해야 합니다.

한 가지 질문을 하겠습니다. "우리가 평생 죄인이 아닌 때가 있을까요?" 우리는 '내가 죄인이다'라는 말을 듣기 싫어하고, 가족들이나 사람들 앞에서 항상 괜찮은 사람이고 싶어 합니다. 그러나 우리는 호흡하는 일생동안 죄인입니다. 예수님은 말씀하시기를 "입에서 나오는 것들은 마음에서 나오나니 이것이야말로 사람을 더럽게 하느니라. 마음에서 나오는 것은 악한 생각과 살인과 간음과 음란과 도둑질과 거짓 증언과 비방이니 이런 것들이 사람을 더럽게 하는 것이요"(마 15:18-20)라고 하십니다. 인간의 죄의 심각성은 행동뿐 아니라, 마음이 죄로 오염되어 있습니다.

　　우리가 기억해야 할 사람은 바울입니다. 그는 한평생 자신이 죄인임을 고백합니다. 바울은 예수님을 만나기 전, 도덕적이고 윤리적이고 흠이 없는 사람이었습니다. 그러나 다메섹에서 예수님을 만나고 자신이 죄인임을 고백합니다. 바울이 예수님을 만났을 때가 30대입니다. 바울은 50대일 때, 고린도교회에 편지를 쓰면서 "나는 사도 중에 가장 작은 자라"(고전 15:9)고 합니다. 그리고 몇 년 후 바울이 에베소교회에 편지를 쓰면서 "모든 성도 중에 지극히 작은 자보다 더 작은 나에게 이 은혜를 주신 것은"(엡 3:8)이라고 고백합니다. 그리고 죽음을 앞두고 감옥에서 "죄인 중에 내가 괴수니라"(딤전 1:15)라고 고백합니다. 바울은 30대에 다메섹에서 부활하신 예수를 만나고 평생 동안 자신이 처절한 죄인임을 말합니다. 바울은 다메섹에서 예수님을 만난 이후 죽을 때까지 분명히 성령님과 동행했고 주님을 닮아 가고 성장했습니다. 그런데 이상한 것은 세월이 흐를수록 바울의 고백은 "나는 훌륭한 사람이다"라고 자랑하지 않습니다. 오히려 "나는 죄인 중에 가장 심각한 우두머리입니다"라고 고백합니다.

바울이 자신의 죄인 됨을 일생동안 고백했다면, 우리는 어떠합니까? 우리도 하나님이 얼마나 거룩하신 분인지 알아 갈수록, 바울처럼 하나님 앞에 우리 자신이 얼마나 절망적인 죄인인지 알아 가게 됩니다. 이것이 성도의 정상적인 고백입니다. 바울처럼 우리도 일생동안 주님을 알아 가고 성장하겠지만, 빛이신 하나님의 말씀 앞에 설수록 우리의 행동과 마음에 숨겨진 죄를 더욱 보게 되고 "나는 절망적인 죄인입니다"라고 고백하게 됩니다.

둘,
'그리스도의 의'가 우리에게 온전하고 충분하다는 것을 항상 인식하게 됩니다.

우리는 '나는 죄인입니다'라는 고백이 일생동안 계속되겠지만, 나쁜 소식만 있지 않습니다.

우리에게 복음이 있습니다. 내가 얼마나 절망적인 죄인인지 깨닫게 될수록, "하나님이 그리스도의 의로 말미암아 죄인인 나를 자녀로 삼으시고 사랑하신다"는 변하지 않는 복음이 우리를 기쁘게 합니다.

우리가 50세가 되고, 60세, 70세가 될수록, 하나님의 영광스런 복음의 빛을 알아 갈수록, 우리 자신에 대해 "하나님! 나는 망가진 죄인입니다. 내 생각, 마음의 동기, 태도, 세포까지 죄로 가득 찬 구제불능인 죄인입니다. 하나님을 기쁘시게 할 의가 나에게 없습니다"라고 탄식하게 됩니다. 그러나 우리는 '하나님이 나에게 주신 그리스도의 완전한 의'의 옷을 입었기에 하나님의 사랑에 감격하게 됩니다. 세월이 지날수록, 내 안에 하나님 앞에 설 수 있는 합당한 정결함이 없다는 것을 발견하지만, '예수님은 이미 나를 대신해서 진노를 받으시고 나를 깨끗하게 하셨다'는 복음으로 인해 노래하고 기뻐하게 됩니다. 세월이 지날수록 우리는 우리 자신의 행동과 말이 얼마나 냄새나고 더러운지 보면서, 잠시도 하나님 앞에 설 수 없다는 것을 알게 됩니다. 그러나 우리가 '예수님이 나 대신 온전히 순종하신 공로'를 믿음으로 하나님 앞에 서기에 충분하다는 것을 깨닫게 될 때, 우리는 찬양하고 춤을 추게 됩니다.

여기서 조심해야 할 것이 있습니다. 우리는 '그리스도의 의'로 충분히 만족하지 못하고, 자꾸만 '거짓 만족의 대상', 대체물을 의지하려고 합니다. 우리의 본성은 하나님으로 만족하지 못하고, 그리스도의 의로 만족하지 못하고, 하나님이 아닌 '다른 무엇-대체물'을 만족의 대상으로 의지하려고 합니다. 하나님이 주는 만족보다, 내가 설정한 무엇인가가 나를 기쁘게 하고, 만족을 주기를 원합니다. 젊은 시절에는 외모와 쾌락이 만족의 대상이기도 하고, 중년 시절에는 물질과 성공이 인생의 행복을 주는 대체물이 되기도 합니다. 이 만족의 대상은 사람마다 다르고 인생의 시기마다 다양합니다.

하나님은 예레미야에게 이렇게 말씀하십니다. "내 백성이 두 가지 악을 행하였나니 곧 그들이 생수의 근원되는 나를 버린 것과 스스로 웅덩이를 판 것인데 그것은 그 물을 가두지 못할 터진 웅덩이들이니라"(렘 2:13). 하나님의 경고는 분명합니다. 이스라엘 백성이 생수의 근원이신 하나님을 버리고 스스로 판 웅덩이, 즉 자신들이 만든 대체물을 의지하고 만족을 얻었다고 합니다. 하나님은 "너희가 스스로 판 웅덩이는 터진 웅덩이다. 새는 웅덩이다. 이것은 어리석다"고 하십니다. 우리는 일생동안 스스로 만든 터진 웅덩이를 버려야 합니다. 그 터진 웅덩이는 생명의 샘물이 아닙니다. 우리는 생수의 근원이신 하나님을 의지해야 합니다. 우리는 하나님이 주신 그리스도의 의로 충분히 만족하고 의지해야 합니다.*

바울은 빌 3:7-8에서 인생의 마지막 감옥에서 죽기 직전까지, 땅의 터진 웅덩이들을 의지하지 않고 오직 '그리스도의 의'를 의지하고 있습니다. 바울은 "무엇이든지 내게 유

* 제리 브리지스, 밥 베빙튼, 앞의 책, p.101-105.

익하던 것을 내가 그리스도를 위하여 다 해로 여길뿐더러, 또한 모든 것을 해로 여김은 내 주 그리스도 예수를 아는 지식이 가장 고상하기 때문이라. 내가 그를 위하여 모든 것을 잃어버리고 배설물로 여김은 그리스도를 얻고 그 안에서 발견되려 함이니 내가 가진 의는 율법에서 난 것이 아니요 오직 그리스도를 믿음으로 말미암은 것이니 곧 믿음으로 하나님께로부터 난 의라"(빌 3:7-9)고 말합니다.

　　　　　바울은 "내게 유익하던 것을 해로 여긴다"(7절)고 합니다. 바울이 과거에 유익하게 여겼던 것이 무엇입니까? 바울은 예수를 만나기 전에 자신의 출신, 학벌, 성취, 열심, 자기가 쌓은 흠이 없는 도덕적인 의를 해로 여긴다고 합니다(빌 3:5-6). 또한 바울은 "모든 것을 해로 여긴다. 모든 것을 배설물로 여긴다"(8절)고 합니다. 바울이 다메섹에서 예수를 만난 후에 성취한 모든 것은 무엇입니까? 바울이 쌓은 모든 것은 30년 동안 교회를 개척하고 선교한 열매입니다. 바울이 30년 동안 행한 모든 것은 성도를 위한 봉사와 희생입니다. 이것은 훌륭하고 선한 열매입니다. 그러나 바울은 이 모든 것을 자랑하지도 않고 의지하지도 않고 "다 배설물로 여긴다"고 합니다. 왜입니까? 바울 자신이 쌓은 선한 업적과 열매를 의지하지 않는 이유는 이 '모든 것'으로는 하나님 나라에 들어갈 수 없기 때문입니다. 아무리 많은 선한 일을 쌓아도, 이것의 도움으로 하나님 앞에 설 수 없음을 알았기에 바울은 이 모든 것을 배설물로 여긴 것입니다. 바울은 인생의 마지막 순간까지 오직 '하나님께서 주신 그리스도의 의'를 견고하게 붙잡고 있습니다.

　　팀 켈러는 말하기를 "우리가 이룬 최고의 성취들도 우리를 의롭게 하지는 못합니다. 우리가 자신의 것을 자랑하는 것은 물에 빠져 죽어 가는 사람이 한 뭉치의 돈다발을 움켜쥐고 '괜찮아, 나한테는 돈이 있으니까'라고 외치는 것과 같습니다. 우리에게 주어진 의의 복음을 정말 이해한다면 결코 자랑이 있을 수 없습니다. 그리스도인들은 자신의 힘이 아니라 전적으로 그리스도의 사역만으로 구원받은 존재들입니다*라고 합니다.

　　당신은 바울이 왜 인생의 마지막 순간까지 '그리스도의 의'를 꽉! 붙잡고 있었는지 이해가 되십니까? 당신은 바울이 왜 땅에서 유익하던 것과 예수를 믿고 쌓은 선한 열매까지 배설물로 여기는지 깨닫습니까? 우리가 자주 불렀던 찬양 중에 "돈으로도 못 가요, 하나님 나라. 힘으로도 못 가요, 하나님 나라. 믿음으로 가는 나라 하나님 나라"가 있습니다. 이 찬양처럼 우리가 땅에서 쌓은 돈과 힘, 그 어떤 선행으로도 하나님 나라에 갈 수 없습니다. 인간의 노력으로 쌓은 모든 것은 땅에서 자랑거리이지만, 죄와 의의 문제를 해결할 수 없기 때문입니다. 우리가 교회를 위해 행한 섬김과 희생, 봉사는 소중하고 귀하지만 이것으로도 하나님 나라에 갈 수 없습니다. 그러므로 우리도 바울처럼 인생의 마지막 순간까지 '그리스도의 의'를 온전히 의지해야 합니다.

* 팀 켈러, 김건우 역, 『당신을 위한 로마서 Ⅰ』(서울: 두란노, 2014), p.144-145.

둘째, '성령의 능력'의 기둥을 날마다 의지하라

성도가 날마다 의지해야 하는 두 번째 기둥은 '성령의 능력'입니다. 하나님은 그리스도인들이 세상을 혼자 살도록 내버려 두시지 않았습니다. 예수님은 "내가 아버지께 구하겠으니 그가 또 다른 보혜사를 너희에게 주사 영원토록 너희와 함께 있게 하리니"(요 14:16)라고 하셨습니다. 그리고 "내가 너희를 고아와 같이 버려두지 아니하고 너희에게로 오리라"(요 14:18)고 하셨습니다. 예수님이 십자가에서 죽으시고 부활하신 후에, 하나님은 약속대로 그리스도인들에게 인생의 최고의 동반자 성령님을 보내주셨습니다. 성령님의 임무는 그리스도인의 삶에 평생 동행하시고, 양육하시고, 하나님 앞에 설 때까지 항상 인도하시는 것입니다. 그리스도인들은 자신의 힘과 노력만으로 혼자 싸우는 고아가 아닙니다. 만일 성도가 혼자서 살아간다면 누구도 세상과 사탄과 자아를 이길 수 없습니다. 그리스도인들의 역할은 믿음으로 우리 안에 동행하시는 성령의 능력을 의지하는 것입니다. 인생의 형통한 날이든지 곤고한 날이든지 항상 두 번째 기둥, 성령의 능력을 의지해야 합니다. 우리는 어떻게 성령의 능력을 의지해야 할까요?

하나,

나의 힘과 능력이 절대적으로 부족하다고 고백하십시오.

한 가지 확인할 것이 있습니다. 우리는 종종 "하나님, 나의 힘과 능력을 의지하지 않겠습니다"라고 말합니다. 이 말은 우리가 '아무것도 하지 않는다'는 말이 아닙니다. 우리도 부지런히 힘을 다해 행해야 합니다. 그러나 우리가 부지런히 행하지만, 우리에게 변화시키는 힘이 없기에 우리의 능력을 의지하지 않습니다. '나의 힘과 능력이 절대적으로 부족하다'는 것을 알기에 우리 안에 행하시는 성령님을 의지하는 것입니다.

우리도 행해야 합니다. 빌 2:12-13 말씀은 "항상 복종하여 두렵고 떨림으로 너희 구원을 이루라(work). 너희 안에서 행하시는(work) 이는 하나님이시니 자기의 기쁘신 뜻을 위하여 너희에게 소원을 두고 행하게(work) 하시나니"라고 합니다. 바울은 이 말씀에서 "work"라는 단어를 세 번 언급합니다. 우리의 구원을 위해서 우리 안에서 행하시는(work) 분, 우리에게 소원을 두고 행하시는(work) 분은 성령님이십니다. 그러나 바울은 우리도 구원을 위해 두렵고 떨림으로 힘을 다해서 행하는 것(work)이 우리의 역할이라고 말합니다.* 여기서 잊지 말아야 하는 것은 우리가 행하는 힘과 노력이 우리를 바꾸는 것이 아닙니다. 우리를 변화시키는 분은 우리 안에서 행하시는(work) 하나님이십니다. 우리 안에서 자기의 기쁘신 뜻을 두고, 소원을 두고 일하시는 성령 하나님 때문에 우리의 구원이 이루어집니다. 그러므로 우리는 100% 온 힘을 다해 일하지만, 우리의 능력의 부족함을 알기에 자신의 힘을 의지하지 않고, 오직 우리 안에서 행하시는 성령님만을 의지합니다.

* 제리 브리지스, 밥 베빙튼, 앞의 책, p.123.

우리의 삶에 적용해 보겠습니다. 우리는 가정에서 온 힘을 다해 자녀들과 함께 가정 예배를 성실하게 드리며, 온유와 사랑으로 자녀들을 양육합니다. 우리는 '내가 이 정도로 열심히 자녀들을 위해 헌신하고 인내하면 자녀들이 변할 것이다'라고 생각합니다. 그러나 우리의 힘과 노력으로 자녀를 변화시킬 힘이 없기에, 나의 능력의 부족함을 고백하고 내 힘을 의지하지 않습니다. 오직 우리가 의지하는 분은 우리 안에서 행하시는 하나님이십니다.

둘,
오직 변화시키는 힘은 성령님이기에 그분을 온전히 의지합니다.

우리가 붙잡아야 하는 기둥은 항상 우리 안에서 행하시는 성령님의 능력을 의지하는 것입니다. 바울은 "이를 위하여 나도 내 속에서 능력으로 역사하시는 이의 역사를 따라 힘을 다하여 수고하노라"(골 1:29)고 말합니다. 바울은 골로새 성도를 위하여 자신의 모든 힘을 다하여 수고했습니다. 바울이 가진 모든 지혜와 경험을 다하여 필사의 노력을 했습니다. 그러나 바울은 자신의 수고로 골로새 성도들을 변화시킬 수 없음을 알기에, 자신 안에서 능력으로 역사하시는 성령의 능력을 의지한다고 말합니다. 바울은 두 번째 기둥 '성령의 능력'을 항상 의지했습니다.

시 127:1의 말씀을 보십시오. "여호와께서 집을 세우지 아니하시면 세우는 자의 수고가 헛되며, 여호와께서 성을 지키지 아니하시면 파수꾼의 깨어 있음이 허사로다"라고 합니다. 시편 기자는 집을 짓기 위해 온 힘을 다하는 건축자와 성을 지키기 위해 애써 수고하는 파수꾼을 말하고 있습니다. 건축자는 하나님께서 집을 세우실 것을 기대하고 놀고 있지 않습니다. 파수꾼은 하나님께서 성을 지켜 주실 줄 믿고 잠을 자고 있지 않습니다. 건축자와 파수꾼은 마땅히 자신이 해야 할 일을 힘을 다해, 100% 자신의 역할을 감당합니다. 그러나 시편 기자는 하나님께서 집을 세우고, 하나님께서 성을 지키신다는 것을 믿고 온전히 하나님을 의지하면서 자신들의 책임을 감당한다고 합니다.

우리는 인생을 세우는 건축자입니다. 우리의 몫은 무엇입니까? 인생의 건축자로서, 우리에게 주신 은사를 따라 성실하게 온 힘을 다해 인생의 집을 건축해야 합니다. 그러나 우리의 힘으로는 부족하기에, 우리는 항상 하나님을 의지해야 합니다. 결혼의 영역에도 적용할 수 있습니다. 우리는 결혼 생활에서 아내와 남편으로서 서로를 존중하며 겸손하게 온 힘을 다해 섬겨야 합니다. 그러나 우리에게는 배우자의 약함과 고집을 변화시킬 힘이 없습니다. 배우자의 상처와 죄를 변화시키실 분은 하나님이시기에 항상 성령의 능력을 의지해야 합니다. 결혼의 현실은 자주 서로의 약함과 죄 때문에 갈등합니다. 남편과 아내로서 최선을 다하지만, 자주 분노하고 실망하며 불평의 말을 쏟아내고 고통스런 날을 보내기도 합니다. 이때 우리는 첫 번째 기둥이신 '그리스도의 의'를 붙잡고 일어나야 합니다. 배우자 앞에 얼마나 망가진 죄인인지 드러났지만, 그 순간 예수님은 우리를 용납하시고 있는 모습 그대로 받아 주십니다. 우리는 여전히 그리스도 안에 있고 용서받은 자녀이며, 그리스도의 의의 옷을 입고 있습니다. 이 첫 번째 기둥을 의지해서 우리는 주님께 자신의 죄를 고백할 뿐 아니라, 배우자에게 자신의 분노와 죄를 고백해야 합니다. 이때 우리는 두 번째 기둥인 성령의 능력을 의지해야 합니다. 죄를 고백하고 화해하는 과정에 성령께서 동행해 주시고, 자신과 배우자를 변화시켜 주시기를 의지해야 합니다.

우리는 인생의 길을 갈 때 골짜기에 막혀 고통스러울 때가 있습니다. 이때 우리는 기도만 할 수 없습니다. 우리는 온 힘을 다해 땀을 흘리며 최선을 다해야 합니다. 우리가 최선을 다하지만, 내가 원하는 시간에 내가 원하는 대로 문제가 해결되지 않습니다. 그래서 우리는 하나님의 사랑과 돌보심을 의심하고 분노하기도 하고 때론 절망합니다. 이런 상황 속에서 우리는 어떻게 해야 합니까? 우리는 속히 첫째 기둥으로 달려가야 합니다. 절망의 골짜기에 갇혔지만 '복음으로 나에게 주신 그리스도의 의'를 의지해야 합니다. 나를 여전히 용납하시고 의롭다 하시는 은혜를 붙잡아야 합니다. 그리고 다시 두 번째 기둥 '내 안에 행하시는 성령의 능력'을 의지해야 합니다. "하나님, 나의 힘과 능력은 부족합니다. 성령님의 능력을 의지합니다. 이 모든 상황에서 인생을 통치하시고 도와주소서"라고 고백해야 합니다.

날마다 우리가 기억해야 하는 2개의 법정이 있습니다. 하나는 하늘 나라의 법정이며, 다른 하나는 우리의 양심의 법정입니다. "하늘 나라의 법정에서는 우리가 그리스도를 의지할 때, 하늘 나라에서의 문제는 다 해결되었습니다. 하늘 나라에서 우리 죄에 대한 송사를 받을 일은 결코 없습니다. 그러나 우리 양심의 법정은 우리가 죄를 지을 때마다 우리를 끊임없이 고소하고 죄인이라고 외칩니다."* 이때 우리는 어떻게 복음을 자신에게 선포해야 합니까? 양심의 법정에서 "너는 죄인이다"라고 고발하는 소리에 먼저 동의해야 합니다. "그래 네 말이 맞다. 나는 죄인이다. 네가 생각하는 것보다 나는 더 끔찍한 나쁜 죄인이다"라고 동의하십시오. 그리고 다시 선포해야 합니다. "너는 한 가지 모르는 것이 있다. 십자가를 봐라! 그리스도께서 나의 죄를 위해 십자가 위에서 값을 다 지불하셨다. 나는 이미 용서받은 자녀이다. 지금 나는 예수님의 완전한 의의 옷을 입고 있다. 나는 의로운 하나님의 자녀이다"라고 선포해야 합니다. 우리는 양심의 법정에 머물러 있지 말고, 성령의 능력을 의지해서 의롭다고 선언하시는 하늘의 법정을 기억하고, 그리스도의 의를 믿음의 손을 내밀어 붙잡아야 합니다. 이것이 복음을 자신에게 선포하는 원리이고, 두 기둥을 붙잡는 방법입니다.

제리 브리지스는 복음의 두 기둥을 '그리스도인의 세계관'이라고 합니다.* 세계관은 우리가 인생을 보는 방식입니다. 이 복음의 두 기둥에 의지하는 것은 한 번의 사건이 아니

* 제리 브리지스, 『날마다 자신에게 복음을 전하라』(서울: 네비게이토, 2005), p.68.

라 그리스도인들이 날마다 매 순간 의지해야 하는 연속적인 과정입니다. 이 두 기둥은 하나님이 우리에게 주신 은혜의 선물입니다. 첫째 기둥인 그리스도의 의는 하나님이 이루신 일이기에 우리의 의지를 포기하고, 믿음으로 받아들여야 합니다. 두 번째 기둥은 하나님의 자녀들 안에 성령이 행하시는 일이기에 우리가 인격적으로 협력하고 의지해야 합니다. 우리는 일생동안 온 힘을 다해 죄와 싸우지만 이 두 기둥을 의지하면 넉넉히 이길 수 있습니다. 복음으로 주신 두 기둥, 그리스도의 의와 성령의 능력을 의지한다면 성도의 인생은 충분히 견고하고 안전합니다. 날마다 복음의 두 기둥을 의지합시다!

* 제리 브리지스, 밥 베빙튼, 앞의 책, p.206.

예수님이 구원 사역을 완성하시고, 약속대로 성령을 믿는 자에게 보내셨습니다. 성도는 성령과 동행하며 살아가는 특별한 존재들입니다. 바울의 고백을 통해 그리스도인이 인생에서 붙잡아야 하는 그리스도의 의와 성령의 능력은 무엇인지 배웁니다.

복음의 진리를 마음에 새기는 말씀

❶ 예수님은 제자들에게 누구를 보내신다고 말씀하셨습니까?

요 14:16-18 내가 아버지께 구하겠으니 그가 또 다른 보혜사를 너희에게 주사 영원토록 너희와 함께 있게 하리니 그는 진리의 영이라. 세상은 능히 그를 받지 못하나니 이는 그를 보지도 못하고 알지도 못함이라. 그러나 너희는 그를 아나니 그는 너희와 함께 거하심이요 또 너희 속에 계시겠음이라. 내가 너희를 고아와 같이 버려두지 아니하고 너희에게로 오리라.

_____

_____

❷ 예수님이 부활하시고 승천하신 후, 오순절 날 예수님의 약속대로 복음을 믿는 모든 자에게 성령 하나님이 오셨습니다. 베드로는 이것을 어떻게 말하고 있습니까?

행 2:32-33 이 예수를 하나님이 살리신지라. 우리가 다 이 일에 증인이로다. 하나님이 오른손으로 예수를 높이시매 그가 약속하신 성령을 아버지께 받아서 너희가 보고 듣는 이것을 부어 주셨느니라.

_____

_____

❸ 바울은 로마 성도들에게 성령 하나님이 함께하심을 어떻게 말하고 있습니까?

롬 8:15-17 너희는 다시 무서워하는 종의 영을 받지 아니하고 양자의 영을 받았으므로 우리가 아빠 아버지라고 부르 짖느니라. 성령이 친히 우리의 영과 더불어 우리가 하나님의 자녀인 것을 증언하시나니 자녀이면 또한 상속자 곧 하나 님의 상속자요 그리스도와 함께한 상속자니 우리가 그와 함께 영광을 받기 위하여 고난도 함께 받아야 할 것이니라.

_____

_____

_____

❹ 행 26:17-18은 바울이 아그립바 왕과 세상의 권세자들 앞에서 간증하는 장면입니다. 바울이 그리스도를 통하여 얻은 5가지 자랑은 무엇인지 찾아보세요.

행 26:17-18 이스라엘과 이방인들에게서 내가 너를 구원하여 그들에게 보내어 그 눈을 뜨게 하여 어둠에서 빛으로, 사 탄의 권세에서 하나님께로 돌아오게 하고 죄 사함과 나를 믿어 거룩하게 된 무리 가운데서 기업을 얻게 하리라 하더이다.

_____

_____

_____

_____

❺ 바울은 다메섹에서 예수를 만나기 전에 '내게 유익하던 것'과 '그리스도의 의'를 비교합니다.

(1) 바울이 과거에 유익하게 여기던 것(자랑 리스트)은 무엇입니까? 바울은 유익하던 것과 그리스도의 의를 비교하고 무엇이라고 합니까? 이렇게 말하는 이유가 무엇인지 대화하세요.

> 빌 3:5-8 나는 팔일 만에 할례를 받고 이스라엘 족속이요 베냐민 지파요 히브리인 중의 히브리인이요 율법으로는 바리새인이요 열심으로는 교회를 박해하고 율법의 의로는 흠이 없는 자라. 그러나 무엇이든지 내게 유익하던 것을 내가 그리스도를 위하여 다 해로 여길뿐더러, 또한 모든 것을 해로 여김은 내 주 그리스도 예수를 아는 지식이 가장 고상하기 때문이라.

----

(2) 나의 인생에서 힘과 노력으로 이룬 유익한 것(성공의 목록)은 무엇인지 적어 보세요. 이것은 소중하고 가치 있습니다. 이 유익한 것과 그리스도의 의를 비교해 보세요.

----

❻ 바울은 다메섹에서 예수님을 만난 후, '모든 것'과 '그리스도의 의'를 비교합니다.

⑴ 바울이 예수를 믿고 30년 동안 쌓은 선한 행실의 열매, 그리고 성령의 열매는 무엇인지
대화하세요. 바울은 이 모든 것을 그리스도의 의와 비교하고 무엇이라고 말합니까?

> 빌 3:7-9 그러나 무엇이든지 내게 유익하던 것을 내가 그리스도를 위하여 다 해로 여길뿐더러, 또한 모든 것을 해로 여김은 내 주 그리스도 예수를 아는 지식이 가장 고상하기 때문이라. 내가 그를 위하여 모든 것을 잃어버리고 배설물로 여김은 그리스도를 얻고 그 안에서 발견되려 함이니 내가 가진 의는 율법에서 난 것이 아니요 오직 그리스도를 믿음으로 말미암은 것이니 곧 믿음으로 하나님께로부터 난 의라.

⑵ 내가 예수님을 만난 이후 신앙생활을 하면서 쌓은 선한 열매, 성령의 열매는 무엇입니까?
이것은 소중하고 가치 있습니다. 이 모든 선한 열매와 그리스도의 의를 비교해 보세요.

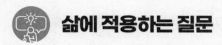 **삶에 적용하는 질문**

❶ "복음의 두 기둥을 의지하라"의 핵심 정리를 해 보세요. 하나님이 예수 그리스도의 복음으로 이루신 두 개의 기둥은 무엇입니까? 자신의 말로 설명해 주세요.

_____

_____

❷ 양심의 법정과 하늘의 법정이 무엇인지 설명해 주세요. 이것을 삶에서 어떻게 적용할지 나누세요.

_____

_____

❸ 최근에 부모로서(또는 남편과 아내로서) 내가 할 수 있는 온 힘을 다했지만 낙심하고 불평과 분노를 쏟아 낸 경우가 있습니까? 이때 복음의 두 기둥을 의지해서 일어난다는 것은 무

슨 의미입니까?

_____

_____

❹ 날마다 복음으로 사는 그리스도인은 성령님의 능력을 의지하는 자입니다. 나는 어떻게
내 안에서 역사하시는 성령님을 의지할 수 있습니까? 내가 온 힘을 다해 수고해야 하는
것은 무엇입니까? 함께 대화하세요.

_____

_____

❺ 하나님은 "두 세 사람이 내 이름으로 모인 곳에는 나도 그들 중에 있느니라"(마 18:20)고
하십니다. 서로의 기도제목을 나누고 하나님께 간절히 기도하세요.

_____

_____

자기 체크 리스트

복음알기

1. 빌 3:7-9 말씀으로 바울이 인생의 마지막까지 붙잡고 있는 것이 무엇인지 설명하세요. ☐

2. 예수님을 인격적으로 만난 '간증'을 가족이나 친구에게 고백하세요. ☐

3. 나의 삶에 '그리스도의 의'의 기둥을 어떻게 의지하는지 말하세요. ☐

4. 나의 삶에 '성령의 능력'의 기둥을 어떻게 의지하는지, 빌 2:12-13 말씀으로 설명하세요. ☐

5. 복음으로 주신 하나님의 은혜의 선물, 두 기둥이 나의 세계관이 되었습니까? ☐

복음 적용하기

1. 두 개의 법정 예화를 가족이나 친구에게 자신의 말로 전해 보세요. ☐

2. 나의 가정과 교회가 복음의 두 기둥 위에 견고하게 세워지도록 기도하세요. ☐

3과

복음으로
세 가지 적을
이기라

🧠 생각하기

우리가 사는 인생의 현실은 '좋은 날과 나쁜 날'의 반복입니다. 아침부터 기분 좋고 모든 계획이 뜻대로 풀리는 좋은 날이 있고, 자명종이 울릴 때부터 피곤하고 여러 일들이 꼬이는 나쁜 날이 있습니다. 사랑하는 사람과 결혼하는 좋은 날이 있지만, 결혼 안에서 유산을 경험하고 두 사람의 성격 차이 갈등으로 부딪치는 혼란스러운 날이 있습니다. 아이를 임신하고 태어난 좋은 날이 있지만, 아이를 양육하며 찾아오는 폭풍 같은 날이 있습니다.

그리스도인의 인생도 '좋은 날과 나쁜 날'의 반복입니다. 하나님의 함께하심을 강하게 경험하는 기쁜 날이 있지만, 인생의 무서운 골짜기를 지나며 마음의 상처와 고통으로 하나님의 선하심을 의심하게 되는 절망의 날도 있습니다. 이 좋은 날과 나쁜 날의 반복은 며칠 정도의 반복이나 몇 개월의 반복이 아니라 인생의 현실입니다. 인생의 좋은 날과 나쁜 날들이 변덕스럽게 밀려올 때, 성도는 죄와의 싸움을 합니다. 좋은 날, 자기가 쌓아 올린 성취로 스스로를 자랑하고 우월감에 빠지거나 다른 사람과 비교하고 비난할 수 있습니다. 나쁜 날, 자기가 행한 죄와 약함으로 인해 죄책감에 빠지고 자신을 비난하며 동굴 속에 들어가기도 합니다.

그러나 인생의 날들은 변하지만 변하지 않는 복음이 있습니다. 당신은 인생의 가장 나쁜 날, 수치스럽고 망가진 날에도 죄책감의 노예가 되지 않고 나를 의롭다고 하시는 하나님의 은혜의 복음은 변함이 없다는 사실을 아십니까? 당신의 인생의 가장 좋은 날, 훌륭한 선행과 순종으로 가득한 날에도 자기가 행한 의를 자랑하지 않고 하나님 안에서 만족과 기쁨을 누리십니까?

우리는 복음의 능력으로 이길 수 있습니다. 우리는 이 과에서, 인생의 변화무쌍한 날들 속에서 변하지 않는 복음의 능력으로 살아가는 그리스도인의 삶의 원리를 배웁니다. 날마다 성도들에게 찾아오는 세 가지 공격들이 무엇인지, 그리고 이것을 복음의 능력으로 어떻게 이기는지 살펴보고자 합니다.

주제 나누기

우리 인생의 좋은 날과 나쁜 날의 반복 속에서 성도들의 삶에 좌절과 고통을 주는 많은 공격들이 있습니다. 이 공격들은 성도들의 삶에서 기쁨이 사라지게 하고, 구원의 감격을 잃어버리게 합니다. 그리스도인의 삶에 찾아오는 대표적인 세 가지 적은 율법주의, 죄책감, 주관주의(자기 느낌과 감정)입니다. 이 세 가지 공격은 성도들의 삶에 날마다 찾아오는 손님입니다. 성도가 살아가는 가정, 결혼, 직장, 교회 생활에 세 가지 손님은 우리의 말과 행동, 생각에 침투하여 끈질기게 공격합니다. 그리스도인이 일상의 삶에 찾아오는 이 적의 정체를 바르게 알고, 복음의 능력으로 이길 수 있다면 기쁨의 열매를 맺을 수 있습니다. 이 세 가지 적이 무엇인지 확인하고, 복음의 능력으로 어떻게 이 적을 이길 수 있는지 살펴보고자 합니다.

첫째, 날마다 찾아오는 율법주의를 깨뜨리라

복음으로 살아가는 성도에게 첫 번째 적은 율법주의입니다. 율법주의가 무엇입니까? 율법주의는 율법을 지키는 것으로 하나님께 받아들여진다고 주장합니다. 율법주의는 나의 행위와 순종으로 하나님께 인정을 받고, 복을 받는다고 합니다. 율법주의는 자기가 행한 선한 일, 자기 의에 집중하고, 예수님이 행하신 의를 보지 않습니다. 만일, 누군가 율법을 지킴으로 하나님 앞에 의롭다 함을 얻는다고 한다면, 이것은 성경이 말하는 복음이 아니라 율법주의입니다.

　　　율법주의자의 문제는 "예수님의 십자가로는 부족해요. 충분치 않아요. 구원받기 위해서는 나의 행위가 더해져야 해요"라고 외치는 것입니다. 한 신학자는 "율법주의의 근원은 자기 숭배이다. 율법에 순종함으로써 사람들이 의로워진다면 칭찬과 명예, 영광을 받을 자격이 있을 것이다. 다시 말해, 율법주의는 하나님이 아니라 사람에게 영광을 돌린다"[*]고

* C. J. 매허니, 홍종락 역, 『죄와 세상 이기는 능력 십자가』(서울: 요단, 2006), p.36.

합니다. 자기 의를 주장하는 율법주의자의 뿌리는 자기 우상숭배입니다. 이것은 하나님이 이루신 복음의 의를 신뢰하지 않고 자기의 행위를 의지하는 것입니다. 바울도 갈라디아교회 안에서 '자기 의'를 자랑하는 율법주의자들에게 "누구든지 너희가 받은 것(복음) 외에 다른 복음을 전하면 저주를 받을지어다"(갈 1:9)라고 했습니다.

　　　이 율법주의는 초대 교회가 시작된 이후, 가장 큰 공격자이며 오늘날도 그리스도인의 삶에 왕성한 활동을 하며 파괴적인 영향력을 끼치고 있습니다. 율법주의자의 모습을 보여 주는 말씀은 '자기를 의롭다고 믿고 다른 사람을 멸시하는 바리새인의 기도'입니다(눅 18:9-14). 한 바리새인은 기도하기를 "하나님이여 나는 다른 사람들 곧 토색, 불의, 간음을 하는 자들과 같지 아니하고 이 세리와도 같지 아니함을 감사하나이다"(눅 18:11)라고 합니다. 바리새인은 자신이 쌓은 종교적 행동을 근거로 우월감을 갖고 있고, 다른 사람을 경멸하고 비판합니다. 예수님은 자기 의를 주장하는 율법주의자의 기도를 받아 주지 않으셨습니다.*

　　　오늘날 많은 사람들이 자기가 행한 종교적 행위, 예배 출석, 기도, 봉사, 가정예배 등을 자랑하는 현대판 율법주의자로 살아갑니다. 존 오웬(John Owen)은 "날마다 경건의 시간을 가질 때, 혹은 십일조를 드릴 때 우리는 자신을 향한 하나님의 사랑을 확신한다. 그러나 하루하루가 점점 분주해지고 마침내 경건의 시간에 소홀해지면, 우리는 하나님의 진노와

* 제리 브리지스, 『날마다 자신에게 복음을 전하라』(서울: 네비게이토, 2005), p.39-40.

분노 아래 있다고 느끼고 하나님을 피하기 시작한다. 그런 생각을 한다는 것은 우리가 그리스도와 연합했으므로 안전하다는 것을, 그리고 하나님의 사랑이 얼마나 깊은지를 깨닫지 못했다는 증거이다*라고 말합니다. 이처럼 많은 성도들이 열심히 종교적 행위를 행하지만 일상의 삶에서 기쁨 없이 두려워합니다. 복음의 감격을 알지 못하고 자기가 쌓은 선한 일을 통해 복을 더 받으려고 합니다. 그들은 자기가 행한 섬김과 열심으로 다른 사람을 판단하고 정죄하며 공동체를 고통스럽게 합니다.

　　복음의 능력으로 살기 원하는 성도는 평생 '복음의 의'를 기억해야 합니다. 우리가 살아가는 동안, 아무리 좋은 신앙적 활동—예배 출석, 성경묵상, 헌금, 구제, 선한 봉사 등—을 쌓아 올린다 할지라도 그 어느 것도 우리의 구원에 보탬이 되지 않습니다. 우리가 쌓아 올린 선한 일은 하나님 앞에서 누더기의 자기 의에 불과하다는 사실을 알아야 합니다. 매허니(C. J. Mahaney)는 "좋은 신앙의 활동 중 그 어느 것도 우리의 칭의에 보탬이 되지는 않습니다. 우리는 하나님께 '더 구원받거나', '더 사랑받지' 않습니다. 우리의 행함은 하나님이 우리 삶에 부어 주신 은혜에 힘입은 것입니다"라고 말합니다.** 오직 우리의 구원은 예수님이 십자가에서 죽으실 때 우리의 죄의 진노를 다 감당하셨고, 예수님의 33년의 순종과 완전한 의를 우리에게 옮기셨기에 이것이 믿음으로 가능해진 것입니다. 우리의 선한 행위, 자기 의는 구원에 전혀 보탬이 되지 않습니다.

* 제리 브리지스, 밥 베빙튼, 오현미 역, 『견고함』(서울: 두란노, 2010), p.66.
** C. J. 매허니, 앞의 책, p.47.

그렇다면 우리가 행하는 말씀묵상과 기도, 섬김과 구제, 소그룹 모임 등 이런 신앙적인 활동들은 무엇입니까? 그것은 하나님이 우리 삶에 완성하신 구원의 은혜에 감사해서 하는 것입니다. 이 신앙의 도구들을 행하는 이유는 하나님께 무엇인가를 얻어 내기 위해서, 더 축복받고, 더 사랑받기 위해 하는 것이 아닙니다. 그것은 율법주의자들의 모습입니다. 우리는 이미 그리스도의 삶과 십자가를 통해서 하늘의 모든 복을 넘치게 받은 자녀입니다(엡 1:3). 우리가 이 신앙의 활동들을 하는 이유는 우리가 쌓은 성취와 의를 자랑하기 위함이 아니라, 하나님의 자녀로서 아버지를 알아 가며 거룩한 삶을 살아 하나님을 닮아 가기 위함입니다. 이 신앙의 활동들은 하나님의 은혜를 경험하는 수단들입니다.[*] 성도는 이 은혜의 수단들을 열심히 사용하여 하나님 아버지와 교제합니다. 성도는 이 은혜의 도구들을 부지런히 규칙적으로 사용해서 그리스도의 은혜를 알아 가며 그리스도의 형상을 닮아 갑니다(롬 8:28-29; 고후 3:18).

성도는 그리스도가 이루신 십자가의 복음과 그분의 의의 옷을 자랑하는 삶을 살아야 합니다. 그러나 성도의 삶에 날마다 율법주의의 공격이 있음을 기억해야 합니다. 자기가 쌓아 올린 행위의 누더기 의를 자랑하고 싶은 율법주의의 유혹을 조심해야 합니다. 그리스도의 의를 의지하면서도 자신의 공로를 쌓아 올리려고 하는 것은 십자가 복음에 대한 모욕인 것을 항상 알아야 합니다.

* 제리 브리지스, 밥 베빙튼, 앞의 책, p.138-147.

둘째, 날마다 찾아오는 죄책감을 물리치라

성도에게 날마다 찾아오는 두 번째 적은 죄책감입니다. 죄책감은 자기 죄에 끈질기게 초점을 맞추며, 예수님의 십자가를 보지 않게 합니다. 모든 성도는 크든지 작든지 이 죄책감을 일상의 삶에서 자주 경험합니다.

죄책감의 모습은 무엇입니까? 가정에서 부모들은 자녀들에게 짜증 섞인 말, 큰 소리로 화를 냅니다. 그 이후에 부모 마음에 '내가 죄를 지었구나. 나는 구제불능이구나' 하는 죄책감이 찾아옵니다. 길에서 운전하다가 갑자기 끼어든 운전자에게 분노를 쏟아 내며 욕을 합니다. 그 이후 '나는 정말 망가졌고 부끄러운 사람이구나' 하는 정죄하는 마음이 밀려옵니다. 어떤 여인은 10년 전 낙태를 했던 일로 자신을 용납하지 못하는 죄책감에 시달리기도 하고, 많은 남자들은 야한 동영상을 보고 마음에 수치심과 죄책감이 들어 자신을 미워하면서 살아가기도 합니다. 심지어 하나님과 사람에게 죄를 회개한 후에도 계속 감정은 불편하고 죄책감이 찾아옵니다.

이 죄책감은 우리 양심(마음)에 우리의 행위에 따라 우리를 고소합니다. 우리를 고소하는 자가 누구일까요? 사탄입니다. 성경은 사탄을 "우리 형제들을 참소하는 자. 고소하는 자"(계12:10)라고 합니다. 사탄은 성도를 무너뜨리기 위해 '고소'라는 무기를 사용합니다. 사탄은 하나님이 아들을 통해서 이루신 복음의 진리-'너희는 죄 없다', '너희는 의롭다'-를 우리가 보지 못하게 합니다. 오히려 사탄은 우리 눈이 복음을 보지 못하게 하고, 우리가 행한 사실을 근거로 자신을 평가하게 만듭니다. "너는 형편없고 쓸모없는 죄인이다. 너의 행동은 냄새나고 엉망이다"라고 끊임없이 고소합니다. 사탄은 내가 행한 사실을 근거로 고소하기에 우리는 꼼짝 못합니다. 어떤 사람은 죄책감을 벗어나려고 '더 많이 기도하고, 더 많이 말씀 보고, 더 많이 봉사하며' 자기 행위로 싸웁니다만 이것도 소용이 없습니다.

사탄의 고소가 사실이지만, 성도는 복음의 능력으로 모든 죄책감에서 완전히 벗어날 수 있습니다. 바울은 "그리스도 예수 안에 있는 자에게는 결코 정죄함이 없다"(롬 8:1)고 했습니다. 성도는 어떻게 죄책감을 복음으로 이길 수 있습니까? 우리는 또 다른 사실, "그리스도께서 행하신 복음"을 의지함으로 물리쳐야 합니다. 첫째, 먼저 자신의 죄를 고백해야 합니다. 우리 양심(마음)에 자신이 범한 죄를 근거로 "너는 형편없는 죄인이다"라는 고소와 죄책감이 밀려올 때, 빨리 자기 죄를 고백해야 합니다. 계속 죄책감이 떠나지 않는다면, 이렇게 말해야 합니다. "그래 맞다. 나는 죽어 마땅한 죄인이다. 너의 고소대로 나는 형편없는 죄인이다. 네가 생각하는 것보다 나는 더 나쁜 악한 죄인이다"라고 인정해야 합니다. 두 번째 십자가를 의지해야 합니다. 죄책감의 소리가 들릴 때, "십자가를 보아라. 예수님이 나 대신 형벌을 받고 죽으셨다. 예수님이 네가 고소하는 죗값을 나 대신 지고 진노를 받으셨다. 나의 죄의 심판은 끝났다. 내가 책임져야 할 죄의 형벌은 하나도 남아 있지 않다"고 선언해야 합니다. 그리고 말하기를 "사탄아! 너는 나를 정죄할 권리가 없다. 예수 안에 있는 자에게는 결코 정죄함이 없다(롬 8:1)"고 복음의 능력을 선포해야 합니다. 셋째, 그리스도의 의를 의지해야 합니다. 십자가를 믿음으로 바라보지만, 죄책감은 끈질기게 우리를 공격합니다. 그때 우리는 예수님의 의의 옷을 입어야 합니다. 돌아온 탕자를 기억하십시오. 아버지는 냄새나는 탕자를 다 씻겨 주시고, 아들의 빛나는 옷을 입혀 주셨습니다. 그처럼 우리를 고소하는 사탄의 정죄감이 밀려올 때 "아버지께서 예수님이 이루신 완전한 의의 옷을 우리에게 입혀 주신 것"을 믿음으로 의지해야 합니다. 이것은 마음을 조작해서 거짓 평안을 가져오는 것이 아닙니다. 이것은 '그리스도께서 행하신 복음의 사실'을 믿음으로 선언하는 것입니다. 우리가 죄인이기에 매일 일상의 삶에 죄책감이 찾아오는 것은 '사실'입니다. 그러나 우리는 또 다른 '복음의 사실', 예수 그리스도의 십자가와 의를 선포함으로 죄책감을 물리쳐야 합니다.

어린 시절 두더지 잡기 게임을 해 보셨습니까? 두더지 하나를 망치로 내리치면 다른 두더지 하나가 불쑥 올라오는 게임입니다. 우리가 복음에서 눈을 떼는 순간, 두더지가 튀어 올라오는 것처럼 우리 본성은 자기 의를 자랑하고픈 욕망이 튀어 올라옵니다. 내 죄로 인한 죄책감이 불쑥 올라옵니다. 우리의 본성은 자신의 행위를 보게 하고 십자가와 그리스도의 의를 보지 못하게 합니다. 우리는 날마다 복음의 망치로, 하나님이 이루신 의의 망치로 적들을 항상 내리쳐야 합니다. 복음은 충분히 자기 의와 자기 죄책감을 부수는 하나님의 능력입니다.

셋째, 날마다 찾아오는 주관주의(자기 느낌과 감정)를 물리치라

성도에게 찾아오는 세 번째 적은 주관주의입니다. 이것은 자기 생각, 자기 감정과 느낌에 초점을 맞추고 하나님의 영원한 말씀을 바라보지 않게 합니다.

주관주의는 어떤 모습입니까? 아침에 일어날 때 "오늘은 왜 이렇게 피곤하고 지치지"라고 자신에게 느낌을 말하곤 합니다. 친구와 이야기를 하다가 "이 친구의 말투가 나를 무시하고 미워하네. 나를 싫어하나"라고 자기 생각을 자신에게 말합니다. 결혼 생활에 갈등이 생기면, "남편이 내게 관심이 없어. 나를 돌보지 않고 있어. 나는 이제 지쳤어!"라고 자신에게 말합니다. 이런 느낌과 생각은 계속 꼬리에 꼬리를 물고 일어납니다. "나는 도저히 이 사람과 더 이상 살 수 없어! 계속 같이 산다면, 나는 더욱 불행할거야. 나는 여기서 결혼을 끝내야 해! 내 감정에 충실해야 돼!"라고 말합니다.

이 주관주의(자기 느낌과 감정)는 날마다 우리를 공격하는 손님입니다. 마틴 로이드 존스(Martyn Lloyd-Jones)는 말하기를 "여러분 대부분의 삶이 불행한 것은 여러분이 자신에게 말하는 대신 자신의 말을 듣고 있기 때문이라는 것을 아십니까? 아침에 일어날 때 드는 생각은 여러분이 그런 생각들을 해낸 것이 아니고 그 생각들이 여러분에게 말을 하고 있는 것입니다……그는 누구입니까? 바로 당신 자신이 당신에게 말하고 있는 것입니다."[*] 그렇습니다. 성도의 삶에 아침부터 밀려오는 생각이 우리에게 말을 걸어올 때, 그것은 우리 자신입니다. 우리 자아의 변덕스러운 느낌과 감정, 다양한 소리가 말을 합니다. 한 가지 질문을 하겠습니다. "여러분은 무엇이 판단의 기준입니까? 무엇에 최종 권위를 부여합니까? 아침마다 밀려오는 자신이 말하는 소리에 의해 자신의 삶이 인도 받기를 원하십니까? 수없이 변하는 자기 감정과 생각에 최종권위를 부여할 것입니까? 아니면 변치 않는 하나님의 말씀의 인도를 받겠습니까?"

복음 중심으로 살기 원하는 성도는 이 주관주의를 어떻게 이길 수 있습니까? 우리는 인생을 살아가면서 날마다 자신의 감정과 느낌, 생각의 소리를 들을 것입니다. 이때 우리는 그 소리에 귀 기울이지 말고 하나님의 말씀을 자신에게 말해야 합니다. 마틴 로이드 존스는 "영적 삶에서 중요한 기술은 당신 자신을 다루는 방법을 아는 것입니다. 여러분은 자신을 제어하고, 자신을 다루며, 자신에게 설교하고 자신에게 말해야 합니다. 시 42편의 성도처럼, '내 영혼아 네가 어찌하여 낙심하며 불안해 하는가. 너는 하나님께 소망을 두라'(시 42:5)고 자신에게 말해야 합니다. 여러분 자신에게 하나님이 누구신지, 그분이 무엇을 하셨는지를, 그분이 무엇을 하겠다고 약속하셨는지를 말해야 합니다."[*]

* 마틴 로이드 존스, 이용태 역, 『영적 침체와 치유』(서울: 기독교문서선교회, 2008), p.23.

비행기가 폭풍우 치는 하늘을 날고 있습니다. 기상 상태는 비구름과 쏟아지는 폭우로 앞에 산이 있는지 건물이 있는지 아무것도 보이지 않습니다. 비행기는 착륙해야 합니다. 비행기 조종사는 무엇을 기준으로 해서 운전해야 합니까? 자신의 눈입니까? 자신의 감정과 느낌입니까? 비행사는 자신의 눈이나 느낌이 아니라, 조종석 앞에 있는 계기판을 따라 운전해야 합니다. 변하는 비바람, 환경, 불확실한 자기 생각과 느낌에 따라 운전할 수 없습니다. 눈앞에 산이 있는 것처럼 보이지만 자기 느낌을 신뢰하지 않고, 오직 계기판을 신뢰하고 운전해야 합니다. 우리는 폭풍 치는 세상 속에서 무엇에 최종 권위를 부여하며 인생의 비행기를 운전해야 합니까? 성도는 불안한 자신의 느낌이나 생각을 따라 인생의 길을 따라가면 위험합니다. 자신의 변덕스러운 감정과 생각의 소리에 최종권위를 부여하지 말고, 변하지 않는 인생의 계기판인 하나님의 말씀을 따라 걸어야 합니다. 시편 기자가 "너는 하나님을 바라라"고 말하고 설교한 것처럼 하나님이 누구신지, 복음이 무엇인지를 자신에게 말해야 합니다.

만일, 인생의 무서운 골짜기가 찾아와 "하나님은 선하시지 않아. 하나님이 나를 사랑하지 않는 것 같아! 하나님이 나를 떠나신 것 같아!"라는 마음의 소리가 들려오면 우리는 어떻게 해야 합니까? 이 순간 자기 느낌과 감정의 소리를 멈추고 하나님의 말씀을 기억하며 자신에게 말해야 합니다. 우리는 "롬 8:32 하나님은 자기 아들을 아끼지 아니하시고 우

* 마틴 로이드 존스, 앞의 책, p.23-24.

리 모든 사람을 위하여 내주신 이가 어찌 그 아들과 함께 모든 것을 우리에게 주시지 아니하겠느냐! 하나님은 나와 함께하신다. 하나님은 나를 도우시는 분이다"라고 하나님의 말씀을 자신에게 선포해야 합니다. 만일, 자기 죄로 인하여 "너는 형편없고 쓸모없는 죄인이야"라는 죄책감의 고소가 들려온다면, 자기 감정의 소리를 중단하고 "롬 8:33 누가 능히 하나님께서 택하신 자들을 고발하리요. 의롭다 하신 이는 하나님이시니 누가 정죄하리요. 죽으실 뿐 아니라 다시 살아나신 이는 그리스도 예수시다"라는 복음의 진리를 자신에게 설교하고, 하나님이 하신 복음을 선포해야 합니다.

우리가 사는 세상은 자기 사랑, 자기 만족을 추구합니다. 그러나 복음으로 사는 성도는 자기 감정, 자기 느낌을 하나님의 말씀으로 분별해야 합니다. 주관주의는 자기 만족을 추구하는 우상 숭배의 위험이 있습니다. 우리는 자기 만족의 내면의 소리를 멈추고 하나님의 진리의 말씀을 의지해야 합니다.

"당신은 복음 중심의 삶을 살고 있습니까?" 복음 중심의 삶을 사는 성도는 일상의 삶에서 찾아오는 이 세 가지 적―율법주의, 죄책감, 자기 느낌과 감정을 복음으로 물리치는 사람입니다. 이 세 가지는 우리 삶에 항상 존재하며, 날마다 성도의 삶에 찾아오는 손님입니다. 또한 성도의 삶에는 복음의 진리가 실재합니다. 성도는 자신의 행위를 신뢰하는 것을 포기하고 하나님이 이루신 복음의 능력의 실재를 선택하고 자신에게 선포해야 합니다.

이 세 가지 적의 공통점은 '자기'가 초점입니다. 율법주의는 하나님이 이루신 예수 그리스도의 의를 보지 못하게 하고, 자기 행위와 자기 성취를 의지하게 합니다. 죄책감은 예수님의 십자가의 용서를 보지 못하게 하고, 자기 죄를 보게 합니다. 주관주의는 하나님의 영원한 말씀을 보지 못하게 하고, 자기 감정과 느낌을 쳐다 보게 합니다. 이 세 가지 적은 성도를 공격하며, 기쁨을 빼앗아 가고, 무기력한 그리스도인으로 만듭니다. 그러나 성도들은 복음의 능력인 십자가와 그리스도의 의를 의지함으로 이 세 가지 적을 물리칠 수 있습니다.

복음의 능력을 적용할 때 한 가지를 제안합니다. 자신에게 복음을 전하는 것이 우리의 삶에 중요한 훈련이 되고, 습관이 되게 하십시오. 우리 삶에 밥을 먹는 것이 습관이고, 메일을 체크하는 것이 습관이고, 인터넷 뉴스를 보는 것이 일상의 습관입니다. 현대인들은 스마트폰을 하루에 수십 번 체크하는 것이 습관이 되었습니다. 이처럼, 성도는 복음을 묵상하는 것이 습관이 되어야 합니다. 인생에 가장 중요한 메시지, 그 복음을 기억하고, 자신의 삶에 선포하고 적용하는 것이 일상의 삶에 깊이 뿌리내리는 습관이 될 때 우리는 더욱 복음의 능력을 경험하게 됩니다.

매허니는 "십자가의 메시지가 당신 삶에서 두 번째 위치로 밀려나도록 방치하지 말라. 십자가를 옆으로 제발 치우지 말라. 거기서 벗어나지 말라"[*]고 간곡하게 말합니다. 우

[*] C. J. 매허니, 앞의 책, p.109.

리는 이 복음을 그 어떤 것보다 소중히 여기며 삶의 첫 자리에 세우고, 자신의 삶에 적용함으로, 이 복음이 능력인 것을 경험해야 합니다. 부디 이 복음을 날마다 자신에게 선포하십시오.

복음의 진리를 마음에 새기는 말씀

① 당신의 어린 시절 꿈은 무엇이었습니까? 당신이 앞으로 10년 안에 이루고 싶은 비전은 무엇입니까?

_____

_____

② 바울은 하나님께서 우리를 향한 계획이 있으시다고 말합니다. 당신을 향한 하나님의 구원 계획이 무엇인지 롬 8:28–30 말씀을 읽고 말해 보세요.

롬 8:28–30 우리가 알거니와 하나님을 사랑하는 자 곧 그의 뜻대로 부르심을 입은 자들에게는 모든 것이 합력하여 선을 이루느니라. 하나님이 미리 아신 자들을 또한 그 아들의 형상을 본받게 하기 위하여 미리 정하셨으니 이는 그로 많은 형제 중에서 맏아들이 되게 하려 하심이니라. 또 미리 정하신 그들을 또한 부르시고 부르신 그들을 또한 의롭다 하시고 의롭다 하신 그들을 또한 영화롭게 하셨느니라.

_____

_____

바울은 로마 성도들에게 롬 8:31–39에서 하나님의 구원 계획이 무엇인지 확신을 가지고 가르친다. 또한 구원을 방해하는 사탄의 공격이 있음을 말하면서 복음의 능력으로 이기기를 당부한다. 성도는 인생의 수많은 공격들, 골짜기들을 복음으로 어떻게 이길 수 있는지 배울 수 있다.

③ 바울은 당신을 향한 하나님의 구원 계획을 방해하는 공격이 있다고 합니다. 롬 8:31-35 에서 '누가'(4번)라고 적힌 부분을 살펴보고, 사탄이 하나님의 구원 계획을 어떻게 방해 하는지 대화하세요.

> 롬 8:31-35 그런즉 이 일에 대하여 우리가 무슨 말 하리요. 만일 하나님이 우리를 위하시면 누가 우리를 대적하리요. 자기 아들을 아끼지 아니하시고 우리 모든 사람을 위하여 내주신 이가 어찌 그 아들과 함께 모든 것을 우리에게 주시지 아니하겠느냐. 누가 능히 하나님께서 택하신 자들을 고발하리요. 의롭다 하신 이는 하나님이시니 누가 정죄하리요. 죽 으실 뿐 아니라 다시 살아나신 이는 그리스도 예수시니 그는 하나님 우편에 계신 자요 우리를 위하여 간구하시는 자시 니라. 누가 우리를 그리스도의 사랑에서 끊으리요. 환난이나 곤고나 박해나 기근이나 적신이나 위험이나 칼이랴.

_____

_____

④ 바울은 성도들이 사탄의 방해를 어떻게 복음의 능력으로 이긴다고 말합니까?(롬 8:31-35) 함께 대화하세요.

_____

_____

_____

❺ 바울은 롬 8:37-39에서 사탄의 공격의 10가지 상황을 말합니다. 그것은 무엇입니까?

> 롬 8:37-39 그러나 이 모든 일에 우리를 사랑하시는 이로 말미암아 우리가 넉넉히 이기느니라. 내가 확신하노니 사망이나 생명이나 천사들이나 권세자들이나 현재 일이나 장래 일이나 능력이나 높음이나 깊음이나 다른 어떤 피조물이라도 우리를 우리 주 그리스도 예수 안에 있는 하나님의 사랑에서 끊을 수 없으리라.

---

❻ 바울은 롬 8:37-39에서 인생의 골짜기의 상황 속에서 복음으로 이기는 원리가 무엇이라고 말합니까?

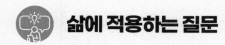 **삶에 적용하는 질문**

❶ 복음의 세 가지 적, 율법주의, 죄책감, 주관주의가 무엇인지 자신의 말로 간단히 설명하세요.

_____

_____

❷ 교회 안에 율법주의의 모습은 어떤 것이 있습니까? 나의 삶에 버려야 하는 율법주의의 모습은 무엇입니까?

_____

_____

_____

_____

❸ 최근 나의 삶-가정, 직장의 삶에서 마음에 고소하는 소리, 죄책감으로 고통받은 것이 있다면 함께 나누세요. 이것을 어떻게 복음으로 이길 수 있는지 대화하세요.

_____

_____

❹ 주관주의(자기 느낌, 감정, 생각)는 우리의 일상의 손님입니다. 내가 자주 넘어지는 느낌과 감정은 무엇입니까? 이 주관주의를 이기기 위해 내가 자주 기억하는 말씀은 무엇입니까?

_____

_____

❺ 우리는 복음의 능력으로 우리의 기쁨을 빼앗아 가는 세 가지 적들을 이길 수 있습니다. 우리가 자주 넘어지는 영역을 함께 나누고, 하나님의 은혜와 복음의 능력으로 이길 수 있도록 함께 기도하세요.

_____

_____

 **자기 체크 리스트**

복음알기

1. 롬 8:28–30 말씀으로 하나님이 이루시는 선이 무엇인지 설명하세요. ☐

2. 율법주의는 무엇이며, 신앙의 활동들을 힘써야 하는 이유를 말하세요. ☐

3. 날마다 죄책감을 복음으로 어떻게 이기는지 설명하세요. ☐

4. 날마다 자기 느낌과 감정을 복음으로 어떻게 이기는지 말하세요. ☐

5. 롬 8:31–35에서 사탄의 네 가지 공격이 무엇이며, 복음으로 어떻게 이기는지 설명하세요. ☐

복음 적용하기

1. 폭풍 치는 밤에 비행기 조종사 예화를 가족에게 자신의 말로 이야기해 주세요. ☐

2. 믿음의 친구에게 복음의 세 가지 적을 설명해 주세요. ☐

4과

날마다 겸손을 세우라

🧠 생각하기

당신은 무엇을 가장 싫어합니까? 한 목회자는 "나는 낙태를 싫어한다. 나는 아동 학대를 싫어한다. 나는 인종차별을 싫어한다"고 합니다. 하나님은 무엇을 가장 싫어하는지 아십니까? 하나님은 교만을 용납하지 않으시고 싫어하십니다. 당신이 어떤 것을 아무리 싫어한다 할지라도 하나님이 교만을 싫어하시는 정도에 미치지 못할 것입니다. 하나님은 교만을 싫어하는 정도가 아니라, 교만을 대적하십니다(약 4:6).

하나님은 어떤 사람을 찾으시고 은혜를 주십니까? 하나님은 땅의 부자나 권력자를 찾지 않으십니다. 성경은 하나님이 겸손한 자를 찾고 그에게 은혜를 주신다고 말합니다(사 57:15; 약 4:6). 그러나 세상에서 가장 인기 없는 주제는 겸손입니다. 서로 높은 자리에 올라가기 위해 자기를 자랑하는 문화 속에서 겸손은 천덕꾸러기가 되었습니다. 그리스도인 중에서도 겸손한 사람이 되기를 진지하게 고민하는 사람을 만나기가 어렵습니다. 예수님의 제자들이 '서로 누가 크냐'(막 9:34)고 다투었던 것처럼, 우리도 가정과 교회에서 서로를 자랑하며 높은 자리를 차지하려고 애를 씁니다.

우리가 복음의 사람으로서 하나님의 은혜를 경험하려면 "겸손하고 또 겸손"해야 합니다. 날마다 겸손으로 옷을 입어야 하나님이 기뻐하시는 열매를 맺을 수 있습니다. 겸손은 저절로 생기는 열매가 아닙니다. 겸손은 한두 번의 선한 일을 한다고 쌓이는 것도 아닙니다. 겸손은 일상의 삶에서 매일 교만을 죽이고, 연습해야 합니다. 당신은 하나님의 은혜를 경험하고 싶습니까? 그렇다면 날마다 겸손을 연습해야 합니다. 이 과에서 우리는 겸손을 어떻게 훈련할 것인지, 날마다 자신의 삶에 겸손을 어떻게 세울 것인지를 살펴보고자 합니다.

주제 나누기

겸손은 그리스도인의 인생에 가장 중요한 친구이며, 교만은 가장 큰 원수입니다. 당신은 어떤 사람이 겸손한 사람인지 알 수 있습니까? 우리는 겸손하다는 말을 듣고 싶지만, 겸손의 방법을 모릅니다. 하나님은 겸손한 자에게 은혜를 베푸시고, 교만한 자를 물리치신다(약 4:6)고 합니다. 그리스도인의 삶에서 겸손이 정말 중요한 열매라면 당신은 겸손을 훈련하고 있습니까? 우리는 겸손이 무엇인지 살펴보고, 겸손을 세우기 위해 일상의 삶에서 세워야 하는 습관을 알아보겠습니다.

첫째, 겸손은 무엇입니까?

일반적으로 "이 사람은 겸손한 사람이다"라고 말할 때 어떤 모습입니까? 사람들은 "조용하고, 예의 바르고, 수줍음이 많고, 조심스럽고, 상냥하고 칭찬에 우쭐하지 않는 사람"을 겸손하다고 묘사합니다. 그렇다면 성경적인 겸손은 무엇입니까? 매허니 목사는 겸손을 정의하기를 "참된 겸손은 하나님의 거룩하심과 우리의 타락한 본성에 비추어 우리 자신을 정직하게 평가하는 것이다"* 라고 합니다. 겸손한 사람은 두 가지─하나님이 누구신지 아는 것과 자신이 누구인지를 압니다. 겸손은 하나님의 거룩하심을 알고, 자신이 타락한 죄인임을 정직하게 아는 것입니다.

하나님은 겸손한 사람을 찾으십니다. 이사야는 말하기를 "지극히 존귀하며 영원히 거하시며 거룩하다 이름하는 이가 이와 같이 말씀하시되 내가 높고 거룩한 곳에 있으며 또한 통회하고 마음이 겸손한 자와 함께 있나니 이는 겸손한 자의 영을 소생시키며 통회하는 자의 마음을 소생시키려 함이라"(사 57:15)고 합니다. 하나님이 누구십니까? 그는 지극히 존귀하고 영원한 분이십니다. 완벽하시고 거룩하신 분입니다. 하나님은 어디 계십니까? 높고 거룩한 곳에 계십니다. 하나님은 누구를 찾으십니까? 높고 거룩한 곳에 계신 분이 찾는 사람은 땅의 높은 권력자가 아닙니다. 완벽하게 거룩하신 하나님은 땅의 박사나 부자를 찾으시지 않습니다. 하나님은 "통회하고 마음이 겸손한 자를 찾아 소생시키시고 함께하신다"

* C. J. 매허니, 조계광 역, 『겸손』 (서울: 생명의 말씀사, 2007), p.20.

고 합니다. 하나님은 자신을 높이고 교만한 자를 찾는 것이 아니라, "나는 망가진 죄인입니다"라고 통회하고 애통하며, 자신의 힘과 능력을 신뢰하지 않고 하나님을 온전히 의지하는 겸손한 사람을 찾으십니다.

존 스토트(John Stott)는 "교만은 일곱 가지 치명적인 죄 가운데 으뜸인 죄보다 더욱 치명적이다. 교만은 모든 죄의 본질이다"*라고 말합니다. 잠언은 우리에게 교만이 얼마나 위험한지 가르칩니다. 여호와께서 미워하시고 싫어하는 것 중에서 교만이 가장 으뜸입니다 (잠 6:16-17). 하나님은 모든 죄를 미워하시지만, 교만보다 더 미워하는 죄는 없습니다. 성경은 "마음이 교만한 자를 여호와께서 미워하시나니"(잠 16:5), "교만은 패망의 선봉이요 거만한 마음은 넘어짐의 앞잡이니라. 겸손한 자와 함께하여 마음을 낮추는 것이 교만한 자와 함께하여 탈취물을 나누는 것보다 나으니라"(잠 16:18-19)고 합니다.

베드로 사도는 "하나님은 교만한 자를 대적하시되 겸손한 자들에게는 은혜를 주시느니라"(벧전 5:5)고 말합니다. 왜 하나님은 교만한 자를 이토록 대적하십니까? 사람이 하나님께 의존하기를 거부하고 오히려 자신이 하나님과 동등한 위치에 서고자 하는 욕망을 가졌기 때문입니다. 교만한 사람은 자신의 힘으로 인생을 살 수 있다고 하며 자기 능력을 신뢰하는 사람으로서, 자신이 왕의 자리에 앉은 사람입니다. 칼빈(John Calvin)은 "하나님은 피조물이 조금이라도 그분의 영광을 가로채는 것을 보면 견디지 못하신다. 따라서 하나님은

* C. J. Mahaney, 앞의 책, p.29.

자기 자신을 높이고 그분의 영광을 가리는 교만하고 가증스런 자를 결코 용납하지 않으신다"*고 말합니다. 하나님은 인격적이십니다. 인격적이신 하나님은 자신이 왕이 된 사람 안에는 거할 자리가 없습니다. 그러나 "나는 할 수 없는 죄인입니다"라고 고백하며 자신의 무능함을 인정하고 "오직 하나님의 은혜를 구하는 통회하는 자, 겸손한 자"를 찾으시고 그와 함께하시며 은혜를 주십니다.

그러므로 우리는 일생동안 교만의 위험성이 있다는 사실을 알고, 교만을 죽이고 겸손을 실천하는 노력을 해야 합니다. 겸손은 우리 안에서 저절로 일어나지 않습니다. 우리가 날마다 겸손을 의도적으로 실천할 때, 하나님이 우리의 삶을 거룩하게 변화시키시고, 하나님의 은혜 안에서 성장할 수 있습니다.

둘째, 매일 겸손을 실천하는 방법은 무엇인가?

믿음의 선배, 매허니 목사가 날마다 겸손을 실천했던 방법을 나누고자 합니다.** 이 실천 방법은 필수 조건이 아니라 제안입니다. 당신은 매일 가장 큰 원수인 교만을 정복하고 가장 위대한 친구인 겸손을 세워서 하나님의 은혜를 누리고 있습니까? 그러기 위해 반복적이고 의도적인 실천이 필요합니다. 매일 이 겸손의 방법을 자신의 삶에 적용하고 훈련하기를 제안합니다.

* 앞의 책, p.33.
** 앞의 책, p.63-78.

하나,

날마다 십자가를 묵상하는 삶입니다.

우리를 겸손하게 하는 가장 중요한 실천은 '십자가를 묵상하는 삶'입니다. 마틴 로이드 존스는 "나를 땅바닥에 엎드리게 하고 나를 먼지처럼 낮추게 만드는 유일한 것이 있다면 그것은 오직 하나님의 아들을 바라보는 것, 그분의 십자가를 묵상하는 것이다"라고 말합니다. 그는 성도가 교만을 죽이고 진정으로 겸손해지기를 원한다면, 매일 영광의 하나님의 아들이 십자가에서 죽으신 사건을 묵상하라고 제안하고 있습니다. 존 스토트는 십자가의 능력을 이렇게 설명합니다. "온 우주를 통틀어, 역사상 그 무엇도 십자가만큼 우리를 겸손하게 만드는 것은 없다. 갈보리라고 불리는 장소를 방문하는 순간 우리는 자기의 의를 주장하며 스스로를 높이는 교만을 비로소 떨쳐 버릴 수 있다. 우리의 참된 실상, 얼마나 추악한 죄인인지 깨닫게 되는 곳은 바로 십자가 밑이다."[*]

성도들에게 날마다 십자가를 바라보는 것은 낯설고 익숙하지 않은 습관입니다. 십자가는 고난주간에만 묵상하는 것이 아니라, 모든 삶의 순간마다 바라보아야 합니다. 우리가 십자가에 가까이 갈 때 하나님 앞에서 겸손한 태도를 가지게 됩니다. 예수님이 십자가에 달리신 모습을 보면서 우리가 범한 죄에 대해 하나님의 아들이 어떤 진노와 형벌을 받으셨

*앞의 책, p.66-67.

는지 정확히 깨닫게 됩니다. 십자가에 못 박혀야 할 사람은 바로 '추악한 나'였음을 알게 됩니다. 십자가를 묵상할 때, 그곳에 못 박히신 분은 거룩하신 '하나님의 아들'이심을 알게 됩니다. 그 십자가를 바라볼 때, 하나님이 죄를 얼마나 미워하셨는지, 우리를 얼마나 사랑하셨는지 깨닫습니다.

당신은 최근에 갈보리 십자가 아래 장소를 방문한 적이 있습니까? 십자가를 바라볼 때 내가 얼마나 비참한 죄인인지 깨달았습니까? 내가 땅에서 쌓은 선한 행위와 나의 의가 아무 소용없음을 알게 되었습니까? 십자가 앞에서 우리는 거룩하신 하나님이 얼마나 놀라운 사랑으로 우리를 구원하셨는지 알게 되어 겸손해집니다. 만일 매일 십자가를 붙잡지 않으면 우리는 '내가 성취한 행동'으로 자기를 자랑하고, 자기 의를 드러내며, 다른 사람들을 비난할 수 있습니다. 만일 십자가를 바라보지 않으면 내가 행한 어리석은 행동과 죄로 자기를 정죄하고 죄책감에 빠질 수도 있습니다. 성도들이 십자가를 바라보는 습관이 많아질수록 추악한 죄인의 모습을 발견하고 겸손하게 됩니다. 날마다 십자가를 묵상하는 것은 가장 미련하고 어리석어 보입니다. 매일 십자가의 그리스도를 바라보고 그 하신 일을 자신에게 선포하는 것은 의지적인 노력이 필요합니다. 우리는 날마다 십자가를 묵상하는 삶을 의도적으로 실천함으로 교만을 물리치고 겸손을 세워야 합니다.

둘,
매일 아침 하나님을 의지하고 감사로 시작합니다.

하루를 시작할 때 어떻게 시작합니까? 불평으로 시작합니까, 아니면 짜증입니까? 하루의 시작은 정말 중요합니다. 하루를 시작할 때 먼저 우리의 삶이 하나님께 의존되어 있다는 사실을 인정하고, 아침에 일어나는 순간 "오늘 하루 하나님을 의지합니다"로 시작하는 마음이 겸손입니다.

죄는 지치지 않습니다. 죄가 활동하지 않는 시간은 없습니다. 죄는 우리가 아침에 눈을 뜨자마자 우리를 공격할 수 있습니다. 죄가 우리를 공격하기 전에, 하루의 시작을 하나님을 의지함으로 시작해야 합니다. 이것은 진리를 자신에게 말하는 것입니다. 성도는 하나님께 의존된 존재이기에 일어나자마자 "나는 하나님을 의지한다"는 진리를 선언하는 것입니다. 만일, 생각을 다스리지 못하고 불평으로 시작하거나 밀려오는 염려에 두려움으로 시작한다면 우리는 자신의 힘을 의지해서 살고자 하는 것입니다. 내 힘으로 살고자 하는 교만에 전쟁을 선포하고, 아침마다 "나는 하나님을 의지한다"는 진리를 선포하는 겸손한 사람이 되어야 합니다.*

우리는 하나님을 의지할 뿐 아니라, 감사함으로 하루를 시작해야 합니다. 우리는 하

* 앞의 책, p.69-70.

나님의 자녀입니다. 오늘 하루를 선물로 주신 분이 하나님 아버지이시고, 하루를 살 때 아버지 하나님이 함께해 주시고 인도해 주실 것이기에 감사합니다. 하나님 아버지가 오늘 하루를 다스리시기에 감사합니다. 하나님의 다스림을 거절하고 마음에 하나님 두기를 싫어하는 사람은 감사하지 않습니다(롬 1:21,28). 말세의 사람들의 특징 중 하나는 감사하지 않는 것입니다(딤후3:2). 감사한 마음이 없다면 교만이 침입한 것입니다. 우리 마음에 하나님이 베푸신 은혜가 무엇인지 감사하지 않고 불평을 쏟아낸다면 교만한 사람입니다. 하나님은 교만한 사람을 대적하시고 그를 긍휼히 여기지 않으십니다. 그러므로 겸손을 세우기 원한다면 날마다 하나님을 의지하고 감사로 시작하는 습관을 훈련해야 합니다.

셋,
날마다 하나님과 정규적인 교제(말씀과 기도)를 하는 것이 겸손입니다.

우리가 육의 사람으로 매일 양식이 필요한 것처럼, 영의 사람이기에 날마다 하나님의 말씀과 기도의 교제가 필요합니다. 이스라엘 백성이 아침마다 만나를 거두려고 광야로 나간 것처럼, 우리도 가급적 아침에 하나님 아버지가 주시는 양식을 사모하며 말씀과 기도의 자리에 정규적으로 나아가야 합니다.

성도들의 삶에 가장 뿌리내리기 힘든 은혜의 통로는 하나님과의 인격적 교제—말씀 묵상과 기도입니다. 그 이유는 우리의 본성이 하나님의 은혜와 지혜의 말씀을 싫어하고 나의 지혜와 힘으로 살아가려 하기 때문입니다. 인생의 성공한 날은 '바쁘다'고 핑계대며 자기 힘과 능력을 의지합니다. 인생의 곤고한 날은 화가 나서 고집을 부리며 하나님의 지혜의 말씀을 멀리합니다. 그러나 겸손한 사람은 자신의 약함을 고백하고 하나님의 말씀의 양식을 필요로 하는 사람입니다.

존 파이퍼(John Piper)는 "하나님의 말씀과 기도 가운데서 그분을 진지하게 만나지 않고 하루를 시작하는 것은 무기를 점검하지 않고 전투에 임하는 것과 같습니다. 하나님의 말씀으로 마음을 채우지 않는 것은 연료통에 기름을 넣지 않고 여행을 떠나는 것과 같습니다. 인간의 마음은 잠을 잔다고 해서 채워지는 것이 아닙니다. 우리가 하나님의 말씀과 기도로 마음을 채우면서 하루를 시작하면 전날 남은 연료로 여행을 할 때보다 더 많은 기쁨과 사랑의 힘을 얻게 됩니다*라고 말합니다. 만일, 마음의 연료통에 하나님의 말씀의 지혜와 은혜로 채우지 않으면 내 힘만으로 하루를 시작합니다. 우리는 금방 자신의 한계를 보게 되고, 감정기복과 스트레스를 경험하게 됩니다.

겸손한 사람의 중요한 특징은 시냇가에 심은 나무처럼 하나님의 말씀에 깊이 뿌리를 내리고, 말씀을 묵상하는 사람입니다(시 1:2-3). 시편 1편의 복 있는 사람은 왕도 부자도

* 존 파이퍼, 전의우 역, 『하나님을 기뻐할 수 없을 때』(서울: IVP, 2005), p.163.

권력 있는 자도 아니고 평범한 사람입니다. 복 있는 사람은 우리처럼 악인들의 꾀의 유혹을 받기도 하고, 죄인들의 길이나 오만한 자들의 자리에 앉는 유혹을 받는 사람입니다(시 1:1). 복 있는 사람은 우리처럼 약한 존재입니다. 그러나 이 복 있는 사람은 날마다 하나님의 도움을 필요로 하는 사람입니다. 이 사람은 하나님 없이 독립적으로 사는 자가 아니라, 날마다 하나님의 말씀을 묵상하며, 말씀이 주는 지혜와 은혜로 살아가는 사람입니다. 이 복 있는 사람은 하나님의 말씀의 은혜에 의존한 사람이기에 겸손합니다. 이 사람은 인생의 형통한 날과 곤고한 날을 모두 경험하지만 하나님의 말씀의 세계관으로 분별하기에 인생의 철을 따라 열매를 맺고 형통합니다(시 1:3). 겸손한 사람의 중요한 습관은 정규적으로 하나님과 함께 말씀과 기도로 인격적인 만남을 합니다. 반대로 교만한 사람은 하나님 아버지와의 교제 없이 자기 방법과 힘을 의지하며 독립적으로 사는 사람입니다.

　　우리가 기억할 것이 있습니다. 하나님과의 정규적인 교제는 항상 마음이 기쁘고 좋지만은 않습니다. 어떤 날은 하나님이 매우 가깝게 느껴지고 말씀도 은혜로 다가오지만, 많은 날은 하나님이 멀게 느껴지고 '하나님! 대체 어디에 계셔요?'라는 생각이 들기도 합니다. 예를 들면, 아침밥을 먹으면서 "와, 진짜 맛있다!" 하고 일주일에 몇 번이나 탄성을 지르십니까? 아마 감탄할 정도의 멋진 아침밥은 자주 없을 것입니다. 그러나 우리는 밥의 힘이 필요하기에 매일 육의 양식을 먹습니다. 그처럼 우리는 날마다 영의 양식이 필요한 존재입니다. 성도는 어제 먹은 밥의 힘으로 오늘을 사는 자가 아니라, 오늘 먹은 밥의 힘으로 오늘을 사는 자입니다. 우리는 감정 상태에 상관없이 "하나님, 오늘도 저에게 말씀의 양식이 필요합니다. 당신의 은혜에 의지합니다"라는 고백으로 하나님과 교제할 때 교만을 죽이고 겸손을 세울 수 있습니다.

넷,
날마다 염려를 돌보시는 주님께 던지는 것이 겸손입니다.

염려는 날마다 찾아오는 손님입니다. 매일 우리가 해야 할 일은 밀려오는 모든 걱정과 근심을 하나님께 맡기는 것입니다. 예수님은 우리가 본성적으로 염려의 전문가인 것을 아셨기에 "무엇을 먹을까 무엇을 마실까 무엇을 입을까 (염려)하지 말라. 이는 다 이방인들이 구하는 것이라. 너희 하늘 아버지께서 이 모든 것이 너희에게 있어야 할 줄을 아시느니라"(마 6:31-32)고 말씀하십니다. 예수님은 로마 식민지 백성으로 날마다 생계를 걱정하며 살아가는 자들에게 말씀하십니다. "공중의 새들을 보아라. 누가 돌보고 기르느냐? 들의 백합화와 들풀을 보아라. 누가 입히고 돌보느냐? 오늘 있다가 내일 아궁이에 던져지는 들풀도 하나님이 이렇게 입히시거든 하물며 너희일까보냐"고 하십니다(마 6:26-30). 예수님은 염려하지 말아야 할 이유를 명확히 말씀하십니다. "하늘의 아버지가 이렇게 하찮고 보잘것없는 새들과 들풀도 입히고 돌보신다면, 하나님의 자녀들인 너희를, 영원히 살게 하겠다고 약속한 너희들을 왜 돌보고 입히시지 않겠느냐! 너희는 염려하지 말아라"고 하십니다.

이 예수님의 설교를 들었던 베드로도 염려가 많은 초대 교회 성도들에게 "하나님의 능하신 손 아래에서 겸손하라. 너희 염려를 다 주께 맡기라. 이는 그가 너희를 돌보심이라"(벧전 5:6-7)고 가르칩니다. 베드로는 초대 교회 성도들이 염려 가운데 산다는 것을 알았기에 밀려오는 염려를 처리하는 방법을 가르칩니다. 그는 "너희 염려를 돌보시는 주께 맡기라"고 합니다. 여기서 '맡기라'는 '던지라'(Cast)입니다. 베드로의 염려 퇴치법은 염려가 찾아올 때마다 돌보시는 주님께 염려를 '던지라'고 합니다. 염려를 던지는 것은 책임회피가 아닙니다. 우리를 돌보시는 주님이 계시기 때문입니다. 하늘에 계신 주님은 우리를 구원하기 위해 자신의 생명과 전부를 주신 분입니다. 능력의 주님이 우리를 돌보신다는 믿음으로 염려를 던지는 것이 겸손입니다.

만일 염려를 던지지 않고 우리가 생각하고 있으면 어떻게 됩니까? 염려는 여러 가지 죄악을 불러오는 파괴적인 죄입니다. 만일 재정에 대해서 염려하면, 지나친 욕심을 부리게 되고 잘못된 방법으로 재정을 해결하려고 합니다. 만일 성공에 대한 염려를 하면, 잘못된 뇌물이나 거짓말로 성공하려고 합니다. 염려는 다른 죄들을 만들어 내는 파괴적인 죄입니다. 염려의 뿌리는 하나님의 돌보심과 다스림을 인정하지 않고, 내 힘으로 이 문제를 해결하려고 하는 교만입니다.

인생은 우리 힘으로 해결할 수 없는 염려가 밀려옵니다. 그러나 놀라지 마십시오. 구약 성도의 고백처럼 "날마다 우리 짐을 지시는 주님"(시 68:19)께 염려를 던져야 합니다. 날마다 짐이 있습니다. 날마다 이 짐으로 염려가 있습니다. 또한 날마다 우리 짐을 지시는 주님이 계십니다. 베드로가 가르쳐 준 것처럼 "모든 염려를 날마다 하나님 아버지의 손에 맡기고, 매일 돌보시는 주님께 다 던져야 합니다." 이것이 겸손입니다. 오늘 찾아오는 염려를 주께 맡기지 못하고 내 힘과 어설픈 지혜로 해결하려고 하는 것이 교만입니다. 교만을 의도적으로 죽이고, 겸손을 우리 삶에 세우는 중요한 습관은 날마다 찾아오는 염려를 우리를 돌보시는 하나님 아버지께 던지는 것을 실천하는 것입니다. 당신은 겸손을 실천하는 전략이 있습니까? 하나님의 은혜를 사모한다면, 이 지혜로운 제안을 실천합시다.

겸손한 사람은 하나님의 말씀에 뿌리를 내리고 그 은혜에 의존된 사람입니다. 겸손한 사람의 네 가지 습관 중에서, 시편 1편의 말씀을 살펴보며 하나님과 말씀과 기도로 교제하는 사람의 특징이 무엇인지 배웁니다.

 ## 복음의 진리를 마음에 새기는 말씀

❶ 복 있는 사람은 누구라고 생각합니까? 자신의 말로 설명해 주세요.

_____

_____

❷ 시편 1편은 복 있는 사람을 소개합니다.

(1) 복 있는 사람이 하지 않는 것 세 가지는 무엇입니까?

> 시 1:1 복 있는 사람은 악인들의 꾀를 따르지 아니하며 죄인들의 길에 서지 아니하며 오만한 자들의 자리에 앉지 아니하고

_____

_____

_____

⑵ 복 있는 사람이 꼭 하는 것은 무엇입니까?

시 1:2 오직 여호와의 율법을 즐거워하여 그의 율법을 주야로 묵상하는도다.

_____

_____

_____

❸ 복 있는 사람과 악인을 무엇에 비유하고 있습니까? 그들의 인생의 열매는 무엇입니까?
마지막 결과는 어떻게 됩니까?

시 1:3-6 그는 시냇가에 심은 나무가 철을 따라 열매를 맺으며 그 잎사귀가 마르지 아니함 같으니 그가 하는 모든 일
이 다 형통하리로다. 악인들은 그렇지 아니함이여 오직 바람에 나는 겨와 같도다. 그러므로 악인들은 심판을 견디지 못
하며 죄인들이 의인들의 모임에 들지 못하리로다. 무릇 의인들의 길은 여호와께서 인정하시나 악인들의 길은 망하리
로다.

_____

_____

_____

❹ 여호와께서 인정하는 사람, 열매 맺는 사람의 특징은 무엇입니까? 인생의 중요한 원리는 무엇입니까?

_____

_____

❺ 나는 시냇가에 심은 나무처럼, 정규적으로 하나님의 말씀을 묵상하고 뿌리를 내리고 있습니까? 이것이 어려운 이유는 무엇입니까? 이 복 있는 사람의 원리를 내 삶에 실천하기 위해 필요한 것은 무엇입니까?

_____

_____

_____

_____

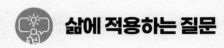

❶ 내가 처음에 생각한 겸손은 무엇입니까? 이제 성경적으로 "겸손은 무엇이다"라고 말할 수 있습니까?

_____

_____

_____

❷ 염려는 날마다의 손님입니다. 최근 나의 삶에서 가장 크게 밀려오는 염려는 무엇입니까? 함께 나누세요.

_____

_____

_____

❸ 예수님은 염려하는 우리에게 무엇이라고 말씀하십니까? 마 6:33-34 말씀을 나누세요.
우리가 먼저 해야 하는 것은 무엇입니까?

마 6:33-34 그런즉 너희는 먼저 그의 나라와 그의 의를 구하라. 그리하면 이 모든 것을 너희에게 더하시리라. 그러므로 내일 일을 위하여 염려하지 말라. 내일 일은 내일이 염려할 것이요 한 날의 괴로움은 그날로 족하니라.

_____

_____

_____

❹ 겸손을 일상의 삶에 실천하는 네 가지 방법은 무엇입니까? 겸손의 네 가지 방법 중에서
내가 성장해야 하는 것은 무엇인지 대화하세요.

_____

_____

_____

_____

❺ 자신과 서로를 위해 기도하세요. 하나님은 겸손한 사람을 찾으시고, 겸손한 자에게 은혜를 주십니다. 겸손을 나의 삶에 실천함으로 하나님의 은혜를 더욱 누리는 사람이 되도록 서로를 위해 함께 기도하세요.

자기 체크 리스트

복음알기

1. 이사야 57:15 말씀으로 겸손의 중요성을 말해 보세요. ☐

2. 하나님이 교만한 사람을 대적하시는 이유가 무엇인지 설명하세요. ☐

3. 날마다 십자가를 바라보는 것이 우리를 어떻게 겸손하게 하는지 나누세요. ☐

4. 시편 1편의 복 있는 사람이 왜 겸손한 사람인지 설명하세요. ☐

5. 겸손한 사람은 날마다 찾아오는 염려를 어떻게 다루는지 말해 보세요. ☐

복음 적용하기

1. 겸손을 매일 실천하는 4가지 방법을 배우자 또는 가족에게 설명해 주세요. ☐

2. 오늘 밀려오는 염려를 돌보시는 하나님께 몇 번 던졌는지 자신의 마음을 점검하세요. ☐

5과

일생 겸손을
훈련하라

🧠 생각하기

예수님의 제자들이 함께 여행하던 길에서 "서로 누가 크냐"고 다투었습니다(막 9:33-34). 세상은 "서로 누가 크냐, 누가 위대한가?" 토론하고 경쟁합니다. 우리도 인생의 길을 가다가 "누가 첫째인가? 누가 큰가? 누가 위대한가?"를 위해 온 힘을 다해 노력하기도 하고 서로 다투기도 합니다.

마가복음 10장에서 야고보와 요한이 주님께 나아와 "여짜오되 주의 영광 중에서 우리를 하나는 주의 우편에, 하나는 좌편에 앉게 하여 주옵소서"(막 10:37)라고 당당히 요청합니다. 예수님이 예루살렘에 올라가시면 나라를 세울 것이라 생각한 두 제자는 높은 자리의 야망을 품고 노골적으로 요구하였습니다. 이 사실을 알고 다른 열 명의 제자들도 화를 냅니다(막 10:41). 그들도 높은 자리에 오르고 싶은 자기 야망을 숨기지 못했습니다. 우리도 예수님과 함께 인생길을 걸어가는 동안 제자들처럼 자기 야망을 드러냅니다. "주님! 나를 높고 위대한 자리에 서게 해 주소서"라고 요구합니다. 이 세상적 위대함을 추구하는 것은 모든 인간 안에 꿈틀거리는 본성입니다.

예수님은 제자들을 불러 사랑으로 가르치십니다. 예수님은 위대해지는 것, 큰 자가 되는 것을 비판하시지 않습니다. 큰 자가 되기 위해 세상과 다른 '하나님 나라의 원리'를 말씀하십니다. "너희 중에 누구든지 크고자 하는 자는 너희를 섬기는 자가 되고 너희 중에 누구든지 으뜸이 되고자 하는 자는 모든 사람의 종이 되어야 하리라"(막 10:43-44). 이것은 세상 사람들이 추구하는 큰 자가 되는 방법을 거꾸로 뒤집어 놓은 것입니다. 예수님은 이 위대함의 원리를 따라 이 땅에 오셨고 십자가에서 죽으셨을 뿐 아니라, 하나님 나라에서 위대해지는 원리를 제자들에게 가르쳐 주셨습니다. 우리에게도 "너희 안에 이 마음을 품으라. 곧 그리스도 예수의 마음이니"(빌 2:5)라고 하십니다.

복음의 사람은 겸손한 사람입니다. 성도는 일생동안 겸손을 훈련하는 사람입니다. 예수님의 제자들처럼 세상의 위대함을 추구하며 다투기도 하지만, 성도의 일생은 겸손의 본을 보이신 예수님을 닮아 가며 하나님 나라의 위대함을 추구하는 삶입니다. 이 겸손을 일생동안 의도적으로 훈련하기를 제안합니다.

주제 나누기

하나님이 찾으시는 사람은 누구입니까? "여호와의 눈은 온 땅을 두루 감찰하사 전심으로 자기에게 향하는 자들을 위하여 능력을 베푸시는"(대하 16:9)분입니다. 하나님이 찾으시는 사람은 전심으로 하나님을 의지하는 겸손한 사람입니다. 하나님은 마음이 가난하고 심령에 통회하며, 하나님의 말을 듣고 의지하는 사람을 돌보시고 능력을 베푸시는 분입니다(사 66:2). 우리는 하나님이 돌보시고 은혜를 베푸시는 겸손한 사람 어떤 사람인지 살펴보고, 일생동안 겸손을 어떻게 훈련하며 열매 맺을 것인지를 나누고자 합니다.

첫째, 겸손한 사람은 다른 사람의 도움이 필요함을 아는 자입니다

참된 겸손은 하나님의 거룩하심과 자신이 죄인임을 아는 자라고 했습니다. 우리가 인생을 살아가는 동안 해야 할 '하나님 앞에서 죄인이다'라는 고백은 '우리 마음 안에 치명적인 죄가 항상 있다'는 뜻입니다. 바울은 "육체의 소욕은 성령을 거스르고 성령은 육체를 거스르나니 이 둘이 서로 대적함으로 너희가 원하는 것을 하지 못하게 하려 함이니라"(갈5:17)고 말합니다. 이 말씀은 우리가 예수님을 주인으로 고백하기 전 상태가 아니라, 예수님을 주인으로 고백하는 성도의 마음의 갈등을 말합니다. 우리는 복음으로 새사람이 되었지만, 여전히 우리 마음에 육체의 소욕인 죄가 존재하기에 평생 죄와의 전쟁이 있습니다.

　　　폴 트립(Daul Tripp)은 "성경은 죄의 가장 큰 위험성 중 하나가 우리 눈을 가리고 있는 것이라고 기록합니다(사 6:10, 43:8; 마 15:14; 히 3:12-13). 죄는 눈을 멀게 합니다. 그렇다면 죄에 가려 가장 먼저 보이지 않게 되는 존재는 누구일까요? 우리가 죄인이라 하더라도 가족과 이웃, 주변 친구들의 죄는 잘 보입니다. 하지만 자신의 죄를 발견하면 상당한 충격을 받게 됩니다. 우리는 죄에 가려 나 자신을 잘 보지 못합니다"라고 말합니다.

　　우리는 자신의 죄를 잘 보지 못하는 죄인임에 동의하십니까? 우리는 자신의 얼굴에 묻은 고추장 자국을 보지 못하는 연약한 사람임에 동의하십니까? 우리 중 누구도 자기 얼굴에 묻은 고추장 자국을 볼 수 없습니다. 그러나 다른 사람은 나의 얼굴에 묻은 고추장 자국을 쉽게 봅니다. 그처럼 우리가 자기 죄를 보지 못하는 연약한 죄인임에 동의한다면, 우리는 다른 사람의 도움이 일생동안 필요한 존재라는 의미입니다. 겸손한 사람은 다른 사람의 도움의 필요를 아는 사람입니다.

　　다른 사람의 도움으로 죄를 볼 수 있게 된 것은 하나님의 선물입니다. 그러기에 우리는 서로에게 도움을 요청해야 합니다. 물론, 다른 사람들의 관찰이 항상 정확하거나 완전하지는 않습니다. 그러나 우리는 하나님의 자녀로 성장하기 위해 겸손한 자세로 다른 사람에게 이렇게 말해야 합니다. "나는 당신의 도움이 필요해요. 나는 내 얼굴에 묻은 더러운 것을 내 힘으로 볼 수 없는 연약한 죄인입니다. 당신이 내 행동에 담긴 죄를 보고 말해 주세요. 당신이 도와주어야 내가 죄를 제거하고 예수님을 닮을 수 있어요." 겸손한 사람은 가정과 교회에서 가족과 다른 사람들에게 도움을 요청하며 일생동안 성장해 갑니다.

* 폴 트립, 김윤희 역, 『완벽한 부모는 없다』(서울: 생명의 말씀사, 2017), p.117.

둘째, 겸손한 사람은 서로 죄를 고백하고 용서합니다

우리의 마음의 본성은 자신의 죄를 감추고 자신의 약함을 드러내고 싶어 하지 않습니다. 죄를 감추고 고백하지 않는 것은 교만입니다. 제자 요한은 "만일 우리가 우리 죄를 자백하면 그는 미쁘시고 의로우사 우리 죄를 사하시며 우리를 모든 불의에서 깨끗하게 하실 것이요"(요일 1:9)라고 말합니다. "보좌에 계신 그리스도가 우리 죄를 위해 이미 진노를 받으셨기에"에 우리의 죄의 값은 지불되었습니다. 그러기에 우리가 할 일은 이미 십자가에서 처리된 죄를 서로 고백하고 깨끗함을 받는 것입니다. 죄를 고백하고 서로 용서할 때 복음의 능력이 경험됩니다.

바울은 초대 교회 성도들에게 말하기를 "서로 친절하게 하며 불쌍히 여기며 서로 용서하기를 하나님이 그리스도 안에서 너희를 용서하심과 같이 하라"(엡 4:32)고 합니다. 하나님이 그리스도 안에서 너희를 용서해 주신 것처럼 서로 용서하라고 합니다. 그러나 용서는 아주 어렵습니다. 부모가 자녀에게 "미안해! 용서해 주겠니?"라고 말하기는 참으로 어렵습니다. 한 사람이 배우자에게 또는 교회 다른 사람에게 "저의 죄를 용서해 주세요"라고 말하는 것은 정말 쉽지 않습니다. 그러나 서로에게 죄를 고백하고 용서하는 것은 하나님의 놀라운 복음의 은혜를 경험하게 합니다. 하나님이 형편없는 우리를 먼저 용서해 주셨기에 우리가 서로 용서할 수 있습니다.

한 심리학자가 스트레스에 대해 강연하며 컵에 물을 부었습니다. 그가 학생들에게 "이 물 컵의 무게는 얼마나 될까요?"라고 묻자 학생들은 "250g입니다", "500g입니다"라고 했습니다. 그러자 이 심리학자는 "물의 실제 무게는 중요하지 않습니다. 문제는 물 컵을 얼마나 오랫동안 들고 있느냐입니다. 만약 물 컵을 10분 동안 들고 있다면 별 문제가 없습니다. 그러나 물 컵을 1시간 동안 들고 있다면 팔이 저려오고 아파올 것입니다. 그리고 만약 물 컵을 하루 종일 들고 있었다면, 팔에 감각이 없고 제 팔은 마비됩니다"*라고 하며 스트레스에 대해서 가르쳤습니다.

우리가 날마다 들고 있는 죄의 무게는 얼마나 될까요? 가정 안에서 배우자와 자녀들에게 쏟아낸 죄의 무게는 얼마입니까? 직장에서의 죄의 무게는 얼마입니까? 자기 욕심대로 행한 죄의 무게는 얼마입니까? 우리는 잠깐 동안은 이 죄의 무게를 들고 있을 수 있다고 할지라도, 죄의 고백이나 용서 없이 계속 들고 있는 것은 위기입니다. 아무리 작고 사소한 말과 행동의 죄일지라도 일주일, 몇 개월 동안 죄를 쌓아 두고 있다면 위험합니다. 우리는 이미 복음의 은혜를 경험한 용서받은 자녀이기에 서로 죄를 고백하고 용서하는 것이 겸손입니다.

겸손한 사람은 일생동안 자신이 죄인인 것을 아는 자입니다. 또한 그는 자신의 죄를 숨기고 은폐하기보다 솔직하게 자신의 죄를 고백하고 서로를 용서하는 자입니다. 그는 복

* https://story.kakao.com/ch/haemee/dJUD5nwAjq0

음의 능력을 아는 자이기에 자신의 죄의 값이 이미 지불된 것을 알고 죄를 고백할 수 있습니다. 하나님이 자신을 용서해 주신 은혜를 알기에 다른 사람을 용서합니다.

셋째, 겸손한 사람은 다른 사람을 섬깁니다

겸손한 사람은 예수님의 섬김의 본을 따라 다른 사람을 섬기는 사람입니다. 예수님은 "서로 누가 크냐"고 다투는 제자들에게 이렇게 말씀하십니다. "누구든지 크고자 하는 자는 섬기는 자가 되고, 모든 사람의 종이 되어야 하리라. 인자가 온 것은 섬김을 받으려 함이 아니라 도리어 섬기려 하고 자기 목숨을 많은 사람의 대속물로 주려 함이니라"(막 10:43-45). 예수님은 자기 야망과 만족을 따라 사는 제자들에게 "모든 사람을 섬기는 종이 되라"는 겸손의 원리를 가르치십니다. 그리고 하나님의 아들로서 이 땅에 오신 것은 죄인인 우리를 구원하려고 자기 생명을 대속물로 주기 위해 오셨다고 합니다. 예수님은 비참한 죄의 포로가 된 우리를 구원하기 위해 자신의 생명을 십자가에서 죽으시기까지 섬기셨습니다. 이것이 예수님의 겸손입니다.[*]

예수님은 우리에게 겸손한 본을 보여 주셨습니다. 예수님의 섬김을 받아 구원을 얻은 우리들은 평생 예수님을 닮아 가야 합니다. 세상적인 야망을 따라서 높은 자리를 요구했던 야고보와 요한은 자기 욕심을 내려놓고 예수님의 겸손을 배워야 합니다. 예수님이 자신

[*] C. J. 매허니, 조계광 역, 『겸손』 (서울: 생명의 말씀사, 2007), p.47-48.

의 목숨을 버리기까지 우리들을 섬기신 것처럼, 우리들도 자기 자랑과 우월감, 이기적 야심을 버리고 다른 사람을 섬기는 겸손한 종으로 변화되어야 합니다. 예수 그리스도의 섬김을 받은 성도들은 세상의 위대함을 추구하는 부르심에 초대된 것이 아니라, 하나님 나라의 위대한 삶으로 초대받았습니다. 그것은 예수님처럼 겸손하게 종으로 섬기는 부르심입니다. 세상은 이것을 초라한 것으로 비웃지만, 하나님은 이 겸손한 삶을 기뻐하십니다.

우리가 섬기는 동기는 예수님이 먼저 우리를 섬기셔서 용서받은 자가 되었기 때문입니다. 우리가 섬기는 동기는 하나님의 복을 더 받기 위함이거나, 사람에게 칭찬을 듣기 위함이 아닙니다. 우리는 이미 나의 죄 때문에 자기 생명을 주신 예수님의 은혜로 용서받았고, 하늘의 신령한 복을 받았기에 섬깁니다. 우리가 섬기는 동기는 다른 사람을 섬기는 것이 주님을 섬기는 것임을 알기 때문입니다. 바울은 "무슨 일을 하든지 마음을 다하여 주께 하듯 하고 사람에게 하듯 하지 말라. 이는 기업의 상을 주께 받을 줄 아나니 너희는 주 그리스도를 섬기느니라"(골 3:23-24)라고 합니다. 아무리 보잘것없는 작은 일도 주님을 섬기는 것이기에 소중합니다. 이 겸손한 섬김의 열매는 하나님을 기쁘시게 합니다.

성도들이 가정에서 아무도 칭찬해 주는 사람이 없지만 자녀들을 돌보고 섬기는 것은 주님을 섬기는 것입니다. 직장에서 보잘것없는 이웃을 마음을 다해 돌보고 섬기는 것은 주 그리스도를 섬기는 것입니다. 우리가 교회에서 고통 중에 있는 성도들을 돌아보고 섬기는 것은 주님이 반드시 기억하십니다. "하나님은 불의하지 아니하사 너희 행위와 그의 이름을 위하여 나타낸 사랑으로 이미 성도를 섬긴 것과 이제도 섬기고 있는 것을 잊어버리지 아니하시느니라"(히 6:10)고 하십니다. 예수님의 십자가의 은혜를 경험한 그리스도인들은 일생동안 "누가 크냐, 누가 위대하냐?"로 싸우던 이기적 욕심을 내려놓고, 더욱더 예수님의 겸손한 섬김을 배우는 자입니다.

넷째, 겸손한 사람은 성령이 일하시는 은혜의 증거를 찾아서 격려합니다

한 가지 질문이 있습니다. "최근 당신의 삶에서 칭찬과 격려가 많았습니까, 비판이 많았습니까?" 우리 마음의 본성은 비판과 흠을 찾아내는 데 빠르지만, 칭찬과 격려는 힘들고 고통스럽습니다. 우리는 바울을 통하여 어떻게 서로를 격려하는지 배워야 합니다.

바울이 섬겼던 고린도교회는 문제가 많은 교회였습니다. 고린도교회는 십자가의 복음을 잊어버렸고, 여러 파당으로 분열되어 있어서 책망을 받아야 하는 교회였습니다. 고린도교회는 이방인조차도 혐오하는 부도덕한 성적 범죄가 있었고, 성도들끼리 다투고 성령의 은사를 오해하는 교회였습니다. 그럼에도 바울은 그들에게 무엇이라고 합니까? "그리스도 예수 안에서 너희에게 주신 하나님의 은혜로 말미암아 내가 너희를 위하여 항상 하나님께 감사하노니 이는 너희가 모든 일 곧 모든 언변과 모든 지식에 풍족하므로 너희가 모든 은사에 부족함이 없다"(고전 1:4-6)라고 감사하며 칭찬합니다.

　　　바울은 문제가 많은 고린도 성도들에게 어떻게 감사와 격려를 말할 수 있었을까요? 그것은 바울이 하나님의 관점으로 그들을 보았기 때문입니다. 고린도 성도들은 누구입니까? "고린도에 있는 하나님의 교회 곧 그리스도 예수 안에서 거룩하여지고 성도라 부르심을 받은 자들"(고전 1:2)입니다. 인간의 눈으로 고린도 성도들을 바라보면 격려할 구석이 하나도 없지만, 하나님의 관점으로 볼 때 그들은 예수 안에서 거룩하여지고 성도로 부르심을 받은 자입니다.

　　　바울은 하나님이 고린도 성도들을 거룩한 성도로 불러내셨기에, 하나님이 그들의 삶에 신실하게 일하신다는 사실을 알았습니다. 고전 1:8-9에 말하기를, "주께서 너희를 우리 주 예수 그리스도의 날에 책망할 것이 없는 자로 끝까지 견고하게 하시리라. 너희를 불러 그의 아들 예수 그리스도 우리 주와 더불어 교제하게 하시는 하나님은 미쁘시도다"라고 합니다. 바울은 하나님께서 아들의 피로 고린도 성도들을 불러내셨기에, 그리스도께서 그들과 교제하고 있다는 것을 알았습니다. 바울은 고린도 성도들이 서로 분리하고, 도덕적으로 수치스러운 죄를 짓고, 서로 싸우고 있는 것을 알았지만 실망하지 않습니다. 오히려 바울은 하나님께서 신실하게 그들을 위하여 일하시며, 예수 그리스도의 날까지 그들을 거룩하게 세우실 것을 확신하고 있습니다. 바울은 하나님의 관점으로 그들을 보았기에 격려를

할 수 있었습니다.[*]

겸손한 사람은 하나님의 관점으로 서로를 보고 하나님의 신실하신 일하심을 찾아서 변화된 열매를 격려합니다. 그는 다른 사람의 행동 때문에 실망하지 않습니다. 그는 하나님의 관점으로 이웃을 봅니다. 그는 그들을 거룩하게 불러내신 하나님, 그들을 위해 일생동안 일하시고 역사하실 하나님을 확신하기에 그들을 격려합니다. 이것은 '칭찬은 고래도 춤을 추게 한다'는 인간적 방법이 아닙니다. 우리가 서로를 격려하는 것은 세상의 칭찬과 다릅니다. 우리가 서로를 칭찬하는 것은 하나님이 그 사람에게 신실하게 일하신다는 확신에 기초해서, 그 변화된 증거를 찾아서 격려하는 것이기에 하나님의 일하심을 자랑하는 것입니다. 겸손한 사람은 부족하고 연약한 사람들 안에서 성령께서 어떻게 일하셨는지, 그 변화된 열매를 찾아 격려합니다. 하나님의 일하심을 찾아 감사하고 격려하는 열매는 성령께서 우리 안에 역사하셔야 할 수 있습니다.

지난 6개월 전보다 또는 1년 전보다 당신의 삶에서 감사와 격려의 열매가 자랐습니까? 그것은 성령의 열매입니다. 만일 당신의 삶에서 배우자에게, 자녀에게, 교회 지체들에게 성령의 일하시는 증거들, 변화된 모습들을 감사하고 칭찬하는 열매가 계속된다면, 이것은 겸손한 사람의 열매입니다. 하나님이 평생 우리 안에서 일하시기에 우리도 성령의 일하심을 찾아 격려하는 근육이 자라가는 겸손한 사람이 되어야 합니다.

* C. J. 매허니, 앞의 책, p.102–106.

다섯째, 겸손한 사람은 인생의 모든 상황에서 하나님의 주권적인 다스리심을 아는 자입니다

겸손한 사람은 자신은 연약한 자이지만, 인생의 모든 상황 속에서 주권자 하나님의 다스리심과 돌보심을 신뢰하는 사람입니다. 우리가 믿는 하나님은 창조자이시고 구원자이시며, 통치자이십니다. 제리 브리지스는 이 하나님의 주권에 대해 말하기를, "하나님이 가장 탁월한 지혜와 사랑 안에서 하나님의 목적을 이루기 위해서 우리의 유익을 이루기 위해 항상 예외 없이 자녀들을 돌보십니다"*라고 합니다. 성도는 하나님 아버지의 지혜와 사랑의 통치하심이 '항상, 예외 없이', 인생의 어떤 상황에도 변함없다는 사실을 아는 자입니다.

다윗은 "여호와는 나의 목자시니……그가 나를 푸른 풀밭에 누이시며, 쉴만한 물가로 인도하시는도다"(시 23:1-2)라고 합니다. "내가 사망의 음침한 골짜기로 다닐지라도 해를 두려워하지 않을 것은 주께서 나와 함께하심이라"(시 23:4). 다윗은 평안한 날과 사망의 음침한 골짜기의 날을 지날 때도 "내 평생에 하나님의 선하심과 인자하심이 함께하셨다"(시 23:6)고 고백합니다. 다윗은 인생의 형통한 날과 곤고한 날도 그 어떤 상황일지라도 하나님의 인자하심과 사랑의 주권 밖에서 일어나는 일은 한 가지도 없다고 고백합니다.

벧전 5:6-7 말씀을 보십시오. "그러므로 하나님의 능하신 손 아래에서 겸손하라. 때가 되면 너희를 높이시리라. 너희 염려를 다 주께 맡기라. 이는 그가 너희를 돌보심이라"고 합니다. 인생의 수많은 골짜기와 환난 속에서 밀려오는 염려를 하나님께 맡길 수 있는 이유

* 제리 브리지스, 『하나님을 의뢰함』(서울: 네비게이토출판사, 2007), p.20.

가 무엇입니까? 베드로는 우리가 하나님의 능하신 손(다스림) 아래 있으며, 하나님께서 우리를 사랑과 지혜로 돌보시기 때문이라고 합니다. 이처럼 겸손한 사람은 인생의 어떤 상황 속에서도 하나님의 주권적 다스림을 신뢰하는 자입니다.

우리는 자녀를 양육하는 부모입니다. 자녀가 아빠에게 말하기를 "아빠, 나는 아빠를 믿지 않아요. 아빠가 나를 돌보아 주실 것 같지 않아요"라고 한다면 부모의 마음은 어떻습니까? 만일 자녀가 밤마다 말하기를 "아빠, 내일 무엇을 먹을지, 입을지 염려가 되요. 내일 어떻게 살지 걱정이 되요"라고 말한다면 이것은 부모에게 모욕입니다. 육신의 부모도 자녀를 온 힘을 다해 돌본다면, 우리의 하나님 아버지는 자기 아들의 십자가의 피로 구원한 자녀들을 지혜와 사랑으로 돌보시지 않겠습니까? 겸손한 사람은 인생의 모든 상황 속에서 하나님의 다스림과 돌보심을 배워 갑니다.

존 파이퍼 목사님은 "'나는 날마다 염려하며 삽니다'라는 말의 의미는 '나는 날마다 하나님을 온전히 신뢰하지 못하며 삽니다'라는 뜻으로 불신앙이다"[*] 라고 말했습니다. 염려가 불신앙, 죄인 이유가 무엇입니까? 염려의 뿌리는 하나님의 다스림을 인정하지 않는 것이기 때문입니다. 염려는 말하기를 "하나님이 지금 이 문제에 대해 돌보시지 않는다. 하나님은 나의 이 상황과 문제를 다스릴 수 없어. 하나님보다 내가 이 문제를 더 잘 알고 더 잘 처리할 수 있어. 나의 지혜와 힘으로 이 문제를 해결할 거야"라고 말합니다. 그러기에 염려

* 존 파이퍼, 차성구 역, 『믿음으로 사는 즐거움』(서울: 좋은 씨앗, 2009), p.29.

는 하나님의 다스림을 무시하고 자신의 능력을 의지하는 것이기에 교만입니다. 염려는 교만처럼 보이지 않지만, 하나님의 다스림과 돌보심을 인정하지 않고 스스로 독립적으로 자신의 능력과 힘으로 살겠다고 하며, 하나님과 동등한 자리에 서는 것이기에 교만입니다.*
얼마나 하나님 아버지를 불신하는 무례한 태도입니까? 하나님은 이 교만을 대적하시고 미워하십니다.

　　겸손은 무엇입니까? 자신의 연약함을 알기에 항상 하나님께 의존하는 것입니다. 그는 하나님은 나의 구원자이시고 통치자이시기에, 예외없이 나의 인생의 모든 상황 속에서 지혜와 사랑으로 돌보신다는 것을 확신합니다. 겸손한 사람은 인생의 좋은 날, 형통한 날도 하나님 아버지의 능하신 손 아래서 사는 날이지만, 인생의 나쁜 날, 폭풍 치는 날도 하나님의 선하신 돌보심 아래 있다는 진리를 고백하는 사람입니다. 하나님이 찾으시고 은혜 주시는 사람은 겸손한 사람입니다(대하 16:9; 사 66:2). 우리는 인생에서 겸손을 의도적으로 훈련하는 제자가 되어야 합니다.

* 존 파이퍼, 앞의 책, p.61-62.

예수님은 십자가에 달려가시기 몇 시간 전, 제자들과 만찬을 함께 하였다. 예수님은 제자들의 발을 씻으며 겸손의 본을 보여 주셨고, 제자 공동체에게 새 계명을 주셨다. 성도들은 예수님의 본을 따라 평생 겸손과 사랑의 삶을 배워 가야 한다.

 ## 복음의 진리를 마음에 새기는 말씀

❶ 예수님은 십자가에서 죽으시기 전날 밤, 무엇을 하십니까?

요 13:3-5 저녁 먹는 중 예수는 아버지께서 모든 것을 자기 손에 맡기신 것과 또 자기가 하나님께로부터 오셨다가 하나님께로 돌아가실 것을 아시고 저녁 잡수시던 자리에서 일어나 겉옷을 벗고 수건을 가져다가 허리에 두르시고 이에 대야에 물을 떠서 제자들의 발을 씻으시고 그 두르신 수건으로 닦기를 시작하여

❷ 베드로는 어떻게 반응합니까? 베드로에게 대답하시는 예수님의 말씀의 의미는 무엇인지 나누세요.

요 13:8-10 베드로가 이르되 내 발을 절대로 씻지 못하시리이다 예수께서 대답하시되 내가 너를 씻어 주지 아니하면 네가 나와 상관이 없느니라 시몬 베드로가 이르되 주여 내 발뿐 아니라 손과 머리도 씻어 주옵소서 예수께서 이르시되 이미 목욕한 자는 발 밖에 씻을 필요가 없느니라 온몸이 깨끗하니라

❸ 예수님은 제자 공동체에게 중요한 것을 가르치십니다. 예수님께서 "내가 너희 발을 씻었으니 너희도 서로 발을 씻어 주라"고 하신 말씀의 의미는 무엇입니까?

요 13:14-15 내가 주와 또는 선생이 되어 너희 발을 씻었으니 너희도 서로 발을 씻어 주는 것이 옳으니라. 내가 너희에게 행한 것 같이 너희도 행하게 하려 하여 본을 보였노라.

---

❹ 예수님이 제자 공동체에게 명령하신 새 계명은 무엇입니까?

요 13:34-35 새 계명을 너희에게 주노니 서로 사랑하라. 내가 너희를 사랑한 것 같이 너희도 서로 사랑하라. 너희가 서로 사랑하면 이로써 모든 사람이 너희가 내 제자인 줄 알리라.

---

❺ 예수님의 유언의 말씀(요 13장)을 통해서 내가 배우는 것은 무엇입니까? 복음을 믿는 가정, 복음으로 세워진 교회가 적용해야 하는 것은 무엇인지 대화하세요.

_____

_____

_____

_____

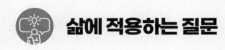 **삶에 적용하는 질문**

❶ 겸손한 사람의 인생에 세워야 하는 5가지 원리는 무엇인지 핵심을 정리해 보세요.

_____

_____

❷ 나는 가정에서 다른 사람(배우자, 자녀들)의 도움이 필요하다는 것에 동의합니까? 나는 가정에서 배우자와 자녀들에게 서로 죄를 고백하고 용서를 구합니까? 최근에 가정에서 죄를 고백하고 용서를 구한 적이 있습니까?

_____

_____

❸ 나는 가정과 교회에서 다른 사람의 약함을 지적하는 일이 많습니까? 각 사람 안에 변화된 열매를 찾아 격려하는 일이 많습니까? 최근에 가족들에게 감사와 격려를 어떻게 했

는지 서로 대화하세요.

_____

_____

❹ 최근에 내 삶의 가장 무거운 짐은 무엇입니까? 하나님의 능하신 손 아래서 겸손함으로
이 모든 염려를 던지고 신뢰합니까? 함께 대화하세요.

_____

_____

❺ 자신과 서로를 위해 함께 기도하세요. 인생은 예상치 못한 골짜기의 연속입니다. 하나
님의 선하신 돌보심을 신뢰하며 하늘 아버지에게 함께 기도하세요.

_____

_____

 **자기 체크 리스트**

1. 벧전 5:6-7 말씀으로 겸손한 사람은 어떤 사람인지 말해 보세요.

2. 겸손한 사람은 왜 서로에게 도움을 요청하고 죄를 고백하는 사람인지 설명하세요.

3. 예수님이 가르치신 하나님 나라의 위대함이 무엇인지 막 10:43-45 말씀으로 설명하세요 .

4. 우리가 성령의 일하시는 증거를 찾아 격려할 수 있는 이유는 무엇입니까?

5. 날마다 염려하면서 사는 것이 교만이고 불신앙인 이유는 무엇인지 말해 보세요.

1. 겸손을 일생 세우는 5가지 방법을 가장 친한 친구에게 설명해 주세요.

2. "물컵 예화"를 생각해 보고, 날마다 무거운 짐을 주님께 던졌는지 마음을 점검하세요.

6과

성경이 말하는
남성과
여성의 삶

🧠 생각하기

오늘날 가정과 결혼은 위기를 맞고 있습니다. 현대 사회는 결혼과 가정에 대한 비성경적인 원리들로 인하여 심각한 고통을 경험하고 있습니다. 결혼의 이혼율이 급증하고 남자와 여자의 성역할 혼란이 심각해지고 있습니다. 우리는 결혼과 가정의 성경적 기초를 버리고 자아를 만족시키는 위기의 시대에 살고 있습니다.

성경은 가정과 결혼에 대해 침묵하지 않습니다. 하나님은 남자와 여자를 창조하셨고 결혼을 제정하셨습니다. 하나님은 남자와 여자가 결혼 안에서 한 몸을 이루고 하나님의 영광을 위한 삶을 명령하셨습니다. 남자와 여자는 하나님이 주신 역할을 따라 순종하며 가정을 세우고 하나님의 나라를 세웁니다.

안타까운 현실은 구원받은 성도의 가정과 결혼이 세상 사람들과 다르지 않다는 것입니다. 많은 사람들은 건강한 교회는 건강한 가정이 기초라고 합니다. 하나님의 나라의 기초도 가정에서 출발한다고 말합니다. 그러나 교회 현장에서 복음의 은혜를 경험하는 건강한 가정을 만나기가 쉽지 않습니다. 하나님이 디자인하신 남성과 여성의 삶을 살아내는 모델을 보기가 어렵습니다. 이것은 한국 교회의 역사성과도 연관이 있습니다. 한국 교회 130년의 역사 속에서 성경적인 가정의 모델을 찾기가 어렵습니다. 일제 강점기와 전쟁의

시기를 지나며 혹독한 핍박과 가난 속에서 신앙과 교회를 지키는 것이 중요했습니다. 폐허가 된 도시를 건설하는 산업화 시대에 남자들은 분주했고, 가정을 하나님의 말씀으로 돌보지 못했습니다. 오늘날 성도들의 가정은 상대주의와 포스트모더니즘, 성역할 혼란의 문화적 공격 앞에 휘청거립니다. 사회는 경제적으로 성장했고 교회는 대형화되었지만, 성경의 원리로 열매 맺지 못하는 가정은 신음소리가 끊이지 않습니다. "건강한 교회는 건강한 가정이 기초이다"라고 구호를 외치지만, 하나님이 세워 주신 원리를 따라 가정과 결혼을 세우지 못하였기에 교회는 위기의 현장입니다.

교회는 성경이 말하는 남자와 여자의 삶을 정규적으로 가르치고 건강한 가정과 결혼의 모델을 세워야 합니다. 단지 몇 가지 방법론으로 가정을 바꿀 수 없습니다. 하나님의 말씀으로 돌아가야 합니다. 단지 가정의 만족을 추구하는 것이 아니라, 구원받은 성도의 가정에 그리스도가 주인이 되어야 합니다. 급하게 서두르지 않고, 하나님이 말씀하신 남자와 여자의 삶을 살아야 합니다. 복음의 능력을 경험하는 남자와 여자의 삶을 통해서 건강한 가정이 세워지고, 그 가정들이 모여 복음 위에 세워진 건강한 교회를 이룹니다. 이 교회가 세상의 빛이 되어 하나님이 주인 된 가정이 무엇인지, 하나님이 다스리는 나라 공동체가 무엇인지를 나타냅니다.

주제 나누기

창조주 하나님이 사람을 창조하시고, 아담과 하와를 한 몸으로 세워 가정을 이루게 하셨습니다. 가정과 결혼은 인간이 만든 제도가 아니라 하나님이 세우신 제도입니다. 결혼은 인간이 만든 것이 아니기에 인간의 마음에 따라 변할 수 있는 풍습이 아닙니다. 결혼은 하나님의 영광을 나타내기 위해 하나님이 만드신 제도입니다. 그러나 오늘날 세상과 사탄은 하나님의 창조 목적에 대항해서 하나님이 세우신 가정과 결혼을 흔들며 공격하고 있습니다.

교회는 하나님이 세우신 가정과 결혼을 가르쳐야 합니다. 성도는 하나님이 자기 아들의 피로 구원하신 한 남자와 한 여자로서 가정에서 살아갑니다. 가정의 주인은 구원하신 그리스도이시며, 그분이 통치하십니다. 성도는 구원자이시고 인생을 통치하시는 그리스도와의 관계 안에서 성경이 말하는 남성과 여성으로 살아서 하나님의 나라를 이루어 갑니다. 가정이 건강한 교회와 하나님 나라의 기초라면, 하나님이 말씀하신 원리대로 남자와 여자로 살아가는 것은 참으로 중요합니다.

당신은 성경이 말하는 남자와 여자의 삶이 무엇인지 아십니까? 이것을 알지 못한다면 우리는 시작할 수 없습니다. 존 파이퍼는 "성숙한 남성은 여성을 인도하고 공급하며, 보호하려는 호의적인 책임 의식이 있다. 성숙한 여성은 존경할만한 남성에게서 나오는 힘과 지도력을 지지하고 받아들이며, 길러 주려는 성향이 있다"고 말합니다.[*] 우리는 이 과에서 성경이 말하는 남자와 여자는 무엇인지, 가정 안에서 남편과 아내의 역할이 무엇인지 살펴보겠습니다. 이 원리를 따라 우리 가정과 결혼을 어떻게 세울지를 말씀드립니다.

첫째, 하나님이 창조하신 남자와 여자는 누구인가?

하나,
남자와 여자는 하나님의 형상대로 지어진 동등한 존재입니다.

창 1:27에 "하나님이 자기 형상 곧 하나님의 형상대로 사람을 창조하시되 남자와 여자를 창조하시고"라고 합니다. 하나님의 형상대로 남자와 여자를 창조하셨다는 의미는 무엇입니까? 남자와 여자는 가치와 존엄성에 있어서 동등하고 평등하다는 뜻입니다.[**] 남자가 절대 우월하고 여자가 열등하지 않습니다. 남자도 하나님의 형상대로 지어졌고, 여자도 하나님의 형상대로 지어졌기에 모두 가치와 존엄성에서 동등하고 존귀합니다.

　　　남자와 여자는 하나님의 형상을 닮았습니다. 하나님은 성부, 성자, 성령, 세 분이십

[*] 존 파이퍼, 송영자 역, 『남자와 여자 무엇이 다른가』(서울: 부흥과 개혁사, 2005), p.22.
[**] 웨인 그루뎀, 노진준 역, 『조직신학(상)』(서울: 은성, 2006), p.690-691.

니다. 삼위 하나님은 각각 독립된 인격으로 완전합니다. 성부 하나님이 우월하고 성자 하나님이 열등하지 않습니다. 성령 하나님이 성자보다 계급이 낮은 분이 아닙니다. 세 분 하나님은 모두 동등하고 완전한 하나님입니다. 그처럼 남자와 여자가 하나님의 형상을 닮았기에 서로 동등하고 존귀합니다.

　　성경은 고대 문서입니다. 창세기는 3,500여 년 전에 모세가 기록한 문서인데, 성경은 하나님께서 남자와 여자를 동등한 가치로 지으셨다고 말합니다. 역사적으로 수천 년 동안 남성이 우월하고 여성의 인권은 열등했지만, 성경적 세계관은 모든 사람은 하나님의 형상으로 지어진 자이기에 동등한 가치이고 평등하다고 합니다. 그 사람이 남자이든 여자이든, 흑인이든 백인이든, 어떤 직업을 가졌든 상관없이 하나님의 형상대로 지어졌기에 존귀하고 동등한 존재입니다.

둘,
남자와 여자는 역할의 차이가 있습니다.

남자와 여자가 하나님의 형상을 닮았다는 의미는 세 분 하나님이 완전한 하나님으로 동등하지만 역할이 다른 것처럼, 남자와 여자도 동등한 존재이지만 역할이 다르다는 뜻입니다.

이것에 대해 웨인 그루뎀(Wayne Grudem)은 이렇게 말합니다. "창조 사역을 보면 성부께서 일을 시작하시고 말씀하셨지만, 창조의 역사는 아들을 통해 이루어졌고, 성령의 지속적인 임재로 유지되었다(창 1:1-2: 요 1:1-3; 히 1:2). 구속 사역에서도 성부는 성자를 이 세상에 보내셨고, 성자는 이 땅에 오셔서 성부께 순종하여 우리의 죗값을 지불하기 위해 죽으셨다(빌 2:6-8). 성자께서 승천하신 후에는 교회를 세우고 능력을 주기 위해 성령이 오셨다(요 16:7; 행 1:8, 2:1-36). 성부께서 우리의 죄를 위해 죽으신 것도 아니고 성령께서 그렇게 하신 것도 아니다. 삼위 하나님은 각자의 독특한 역할을 가지고 있다."[*] 이처럼 남자와 여자도 존엄성에서 동등하지만 각자 역할이 다릅니다. 남편은 가정의 질서에서 아내의 머리가 되고 책임자의 권위를 가집니다. 아내는 남편과 동등하지만 역할 면에서 남자를 돕는 배필(창 2:18; 고전 11:3)로 지어졌습니다.

아내가 '돕는 자'라고 남자보다 열등하거나 종속되어 있다는 의미가 아닙니다. 성경에서 하나님은 우리를 돕는 자(출 18:4; 시 115:9-11, 121:1-2)라고 합니다. 하나님이 돕는 자이기에, 우리보다 열등한 분이거나 우리에게 종속되지 않습니다.[**] 부모가 연약한 자녀를 돕는다고 부모가 자녀보다 열등하지 않습니다. 여성이 남편을 돕는 자라고 열등한 것이 아닙니다. 여성은 남성과 동등하고 존귀한 존재이면서 역할 면에서 서로 다릅니다. 남자는 가정의 인도자(머리)로서 하나님의 영광을 위해 섬기며, 여자는 하나님 나라를 함께 섬기는 동

[*] 웨인 그루뎀, 앞의 책, p.694.
[**] 안드레아스 쾨스텐버거, 데이비드 존스, 윤종석 역, 『성경의 눈으로 본 결혼과 가정』(서울: 아바 서원, 2016), p.32-33.

역자, '돕는 자'의 역할로 하나님을 섬깁니다.

　　　하나님이 지으신 남자와 여자의 디자인을 알기에 우리는 문화가 말하는 남성 우월주의와 여성 평등주의를 지지하지 않습니다. 남성의 지배 아래 여성을 학대하고 폭력적인 남성 우월주의는 성경적인 가치가 아닙니다. 또한 남자와 여자의 역할의 차이를 가볍게 여기고 무조건 평등하다고 주장하는 여성 평등주의(페미니즘)도 찬성하지 않습니다. 우리는 성경이 말하는 남성과 여성은 하나님의 형상대로 지어진 존귀하고 동등한 존재이며, 각자 역할이 다르다는 것을 성경의 원리로 믿습니다.

둘째, 성경적 아내(여성)의 역할은 무엇입니까?

하나,
아내는 남편에게 순종합니다.

성경적인 아내의 역할은 무엇입니까? 십자가로 구원받은 아내가, 예수님을 왕으로 모시고 사는 아내가 해야 하는 첫 번째 역할은 남편에게 순종하는 것입니다. 바울은 에베소 성도와 골로새 성도들에게 "아내들이여 자기 남편에게 복종하기를 주께 하듯 하라"(엡 5:22)고 하고, "아내들아 남편에게 복종하라. 이는 주 안에서 마땅하니라"(골 3:18)고 가르칩니다. 아내가 남편에게 순종(복종)하라는 말씀은 남성과 여성의 평등을 주장하는 현대 문화 속에서 가장 이상하고 어려운 명령입니다. 그러나 아내는 영원한 신랑이신 예수님과의 관계 안에서 '돕는 배필'로서 이 역할을 기쁨으로 합니다.

한 가지 질문은 이것입니다. 아내가 남편에게 순종해야 하는 이유는 무엇입니까? 남편이 성품이 좋고, 부드럽고 친절하기 때문에 순종합니까? 남편이 아내를 충분히 사랑해 주고 재정적인 능력이 있기에 순종합니까? 성경은 남편이 성품이 바르고, 아내가 원하는 것을 충족해 주기에 순종하라고 말하지 않습니다. 아내가 남편에게 순종해야 하는 이유는 남편이 아내의 머리, 인도자의 위치에 있기 때문입니다. 바울은 말하기를 "이는 남편이 아내의 머리 됨이 그리스도께서 교회의 머리 됨과 같음이니……그러므로 교회가 그리스도에게 하듯 아내들도 범사에 자기 남편에게 복종할지니라"(엡 5:23)고 합니다.

남편과 아내의 결혼의 주인, 구원자는 누구입니까? 그리스도이십니다. 그리스도가 두 사람의 인생의 인도자이시고 머리이십니다. 가정의 주인이신 예수님이 남편을 가정의 인도자(머리)로 세우셨고, 아내를 돕는 배필로 세워, 아내에게 "남편에게 순종하라"고 명령하십니다. 아내가 눈에 보이는 남편에게 순종하는 것은 결혼의 주인이신 그리스도께 순종하는 것입니다. 그래서 바울은 "아내들이여, 자기 남편에게 복종하기를 주께 하듯 하라"(엡 5:22), "이는 주 안에서 마땅하니라"(골 3:18)고 합니다.

아내들이 기억할 것이 있습니다. 남편이 성품이나 행동이 순종할 만큼 좋은 사람이기에 복종하는 것이 아닙니다. 아내의 구원을 위해 일하시는 머리이신 예수님이 이 남편을 아내의 머리로, 가정의 인도자로 세우셨기에 남편에게 순종하는 것입니다. 세상에서 아내의 마음을 만족시킬 만한 행동과 성품을 가진 남편은 몇 명이나 될까요? 가정에서 남자의 모든 삶이 적나라하게 나타날 때 아내는 남편의 연약한 성격과 초라한 모습을 보기에 더욱 순종하기 어렵습니다. 그러나 아내는 남편의 행위 때문에 순종하는 것이 아니라, 결혼의 주인이신 예수님이 남편을 가정의 인도자로 세워 주셨기에 순종합니다. 아내가 남편에게 순종하려면 부족한 남편에게 소망을 두는 것이 아니라, 오직 하나님께 소망을 두어야 순종할 수 있습니다(벧전 3:5). 이 순종은 아내의 주인이신 그리스도께 순종하는 것이기에 주님을 기쁘게 합니다.

둘,
아내는 남편을 존경합니다.

남편은 하나님의 형상대로 지어진 존재이며, 가정에서 머리의 위치에 세워졌기에 존경이 필요합니다. 바울은 "아내도 남편을 존경하라"(엡 5:33)고 합니다. 아내의 존경은 남편을 자신의 머리로 정하신 하나님의 창조 원리를 인정하며 받아들인다는 의미입니다.

아내가 남자의 행동을 보면 존경할만한 성품이나 열매가 없기에 '존경하라'는 것은 순종보다 더 힘듭니다. 남자들에게 "당신은 가정에서 사랑과 존경 중에서 무엇이 더 필요합니까?"라고 질문했더니 놀랍게도 대부분의 남자들은 사랑보다 존경이 더 필요하다고 말했습니다. 남자는 하나님의 창조를 따라 머리로 세워졌기에 날마다 아내의 존경이 필요합니다. 남편이 사는 공기는 아내의 존경입니다. 만일, 가정에서 남편이 아내로부터 존경을 받지 못하면 가정의 공기가 탁해지는 것과 같습니다. 남편은 숨이 막히고 힘들어합니다. 남편은 아내의 존경이 없으면 마음이 고통스럽고, 존경과 인정을 받는 대상을 다른 곳에서 찾습니다.

아내가 예수님을 가장 사랑하는 방법은 남편을 가정의 머리로 세워 주셨다는 믿음으로 남편을 존경하는 것입니다. 아내가 고집 세고 말을 함부로 하는 남편을 존경한다면, 이것은 주님을 기쁘게 하는 삶입니다. 이것은 아내에게 정말 어렵습니다. 그러나 아내가 눈에 보이는 육신의 남편을 존경하고 복종한다면 하늘의 영원한 왕, 예수 그리스도를 존경하고 사랑하는 최고의 표현입니다. 성경의 원리를 따라 아내가 순종과 존경이라는 화장품으로 매일 단장한다면 그것은 남편을 춤추게 하고 행복하게 합니다. 이것은 결혼의 현장에 성령이 역사하신 은혜의 열매입니다.

셋째, 성경적인 남편(남성)의 역할은 무엇입니까?

예수님의 복음으로 구원받은 남성의 역할은 무엇입니까? 예수님은 남자를 구원하시고 남자의 구원을 위해 일생동안 일하십니다. 예수님은 남자를 위해 어떻게 일하십니까? 예수님은 남성의 인생의 인도자이시고, 공급자이시며, 보호자이시고 사랑으로 구원을 이루어 가십니다. 남자는 사랑 안에서 일하시는 예수님과의 인격적 관계를 경험하면서 가정에서는 남편으로서의 역할로 섬깁니다. 남편으로서 가정의 인도자의 역할을 하고 가정에 필요한 것을 공급하며, 가족을 보호하고, 사랑으로 섬기는 자입니다. 남성의 역할은 4개의 핵심 단어-인도, 공급(양육), 보호, 사랑으로 표현됩니다. 이 남성의 역할은 남성의 주인이신 그리스도와의 사랑의 관계에서 흘러나오는 은혜의 열매입니다.

하나,
남편은 가정의 인도자입니다.

가정의 인도자(리더)는 누구입니까? 여자입니까, 남자입니까? 하나님이 남자를 가정의 머리로, 인도자로 세우셨습니다. 고전 11:3은 "그러나 나는 너희가 알기를 원하노니 각 남자의 머리는 그리스도요 여자의 머리는 남자요 그리스도의 머리는 하나님이시라"고 합니다. 남자의 머리는 그리스도입니다. 그리스도가 남자의 인도자입니다. 남자의 머리이신 그리스도가 가정을 다스릴 때 남자를 여자의 머리로, 가정의 인도자로 그리스도를 대신해서 세우셨습니다. 우리가 살아가는 현대 사회는 남성의 머리 됨을 반대합니다. 남자와 여자는 공평하다고 외치는 세상이기에 남자가 가정의 인도자인 것을 싫어합니다. 그러나 성경이 말하는 남성은 가정의 인도자이기에 가정의 비전, 방향, 재정, 자녀 양육의 책임자입니다. 아내가 돕는 배필로 함께 섬기지만, 가정의 책임은 남자에게 있습니다.

남성에게 가정의 모든 책임이 주어졌다고 해서 이 책임을 자기 멋대로 행사하거나 남용하는 것이 아니라, 사랑으로 섬겨야 합니다. "남자에게 가정의 권한이 주어졌다고 자기 뜻대로 결정할 수는 없습니다. 결혼 생활과 가정의 문제를 계획할 때마다 남편은 항상 아내의 의견을 묻고 의논해야 합니다. 아내의 의견은 중요합니다. 다만 가정의 모든 문제를 주관하고 관리하고 감독하는 권한이 남편에게 있을 뿐입니다. 특히 가족들에게 경건한 삶을 위한 원리와 행동을 가르칠 때 더욱 그렇습니다. 아내는 남편을 존중해야 하고 가정에서 그리스도의 종으로 일하는 남편이 하나님의 뜻을 잘 이룰 수 있도록 도와야 합니다."*

* 리처드 필립스, 조계광 역, 『남자의 소명』(서울: 지평서원, 2013), p.148.

둘,
남편은 가정의 공급자(양육자)입니다.

남성의 역할을 이해할 때, 먼저 그리스도께서 남성인 우리를 위해 무엇을 하시는지 알아야 합니다. 바울은 "이와 같이 남편들도 자기 아내 사랑하기를 자기 자신과 같이 할지니 자기 아내를 사랑하는 자는 자기를 사랑하는 것이라. 누구든지 언제나 자기 육체를 미워하지 않고 오직 양육하여 보호하기를 그리스도께서 교회에게 함과 같이 하나니 우리는 그 몸의 지체임이라"(엡 5:28~30)고 합니다. 그리스도께서 자기 몸, 교회를 사랑해서 하시는 일은 양육하고 보호하는 것입니다. 교회의 머리이신 그리스도는 교회의 몸인 남성을 사랑하셔서 양육하고 보호하십니다. 이와 같이 남편들은 가정의 인도자로서 '그리스도를 대신'하여 아내와 자녀들을 양육하고 보호하는 역할을 합니다. 남성이 가정에 필요한 것을 공급(양육)하고 보호해야 가족의 생명이 자랍니다. 남성은 어떻게 가정을 위해 공급(양육)하는지 살펴보겠습니다.*

남성은 가정에 필요한 육적 공급을 책임집니다. 가정에 필요한 먹는 것과 입는 것, 건강과 교육 등에 필요한 재정을 공급하기 위해 일합니다. 물론, 남자와 여자 각자 일할 수 있습니다. 이것은 아내가 일할 수 없다는 것이 아니라 남편이 가정의 생계의 주된 책임을

* 존 파이퍼, 이은이 역, 『결혼신학』(서울: 부흥과 개혁사, 2010), p.110-114.

진다는 뜻입니다. 어떤 경우 남편이 아프거나 공부중이거나 인생의 어떤 시기에 아내가 공급의 책임을 주로 감당할 때가 있습니다. 이때에도 남편의 마음은 가정의 공급자로서의 책임을 가져야 합니다.

남성은 가정에 필요한 영적 공급자입니다. 남성은 가정의 영의 양식을 공급하는 자입니다. 남성은 먼저 하나님과의 인격적 관계를 맺고 하나님이 주시는 말씀의 양식을 정규적으로 먹으며, 매일 하나님을 간절히 찾고 누리는 자입니다. 말씀의 양식은 남성 혼자만 누리라고 주신 은혜가 아닙니다. 남자는 가정의 인도자이기에 가족에게 영적 은혜를 공급해야 합니다. 남자가 경험한 하나님의 사랑과 진리의 말씀을 배우자에게, 그리고 자녀에게 흘려 보내야 합니다. 이것이 가정을 만드신 하나님의 디자인입니다.

셋,
남편은 가정의 보호자입니다.

그리스도께서 교회를 보호하시는 것처럼, 남성은 '그리스도를 대신'하여 가정을 보호합니다.[*] 남성은 성경적인 분별력을 가지고서 세상과 사탄의 공격으로부터 가족들을 육적으로, 영적으로 보호해야 합니다.

* 존 파이퍼, 앞의 책, p.115-117.

남성은 가정을 육적으로 보호합니다. 아내와 자녀가 질병으로 고통을 당하거나 인생의 위기가 찾아올 때, 그들의 건강과 안전을 보호할 책임이 남성에게 있습니다. 남성은 하나님이 기뻐하시는 가정을 세우기 위해 세상의 문화로부터 가정을 보호해야 합니다. 오늘날 가정을 위협하는 수많은 세상의 문화적인 공격들이 있습니다. 혼란스러운 세상의 가치관들이 인터넷과 뉴스와 영상을 통해서 아무런 허락도 없이 가정에 침투하고 있습니다. 남성은 분별력을 가지고 이 모든 문화의 영향력에서 가정을 보호해야 합니다. 자녀들의 성장 과정에 따라 문화를 어떻게 소비할지, 핸드폰과 컴퓨터를 어떻게 사용할지를 선택하고 세상의 부패한 세계관으로부터 가족들을 보호하고 돌보아야 합니다.

남성이 가정을 영적으로 보호할 책임이 있습니다. 남성은 가족들을 위하여 "시험에 들지 마시옵고 악에서 구하옵소서"라고 항상 기도로 보호해야 합니다. 또한 남성은 "해가 지도록 분을 품지 말고 마귀에게 틈을 주지 말라"(엡 4:26-27)고 하신 것처럼, 분노가 가정에 밀려오지 않도록 해야 합니다. 그리스도인의 많은 가정들이 분노를 쌓아 두어서 하나님이 주인 된 행복한 가정을 끔찍한 고통의 가정으로 만들고 있습니다. 부모 안에 있는 분노의 죄가 가정에 쏟아져 나와 가족들에게 감정의 상처를 줍니다. 이때 남자는 가정을 보호할 책임이 있습니다. 남자는 해가 지도록 분을 품지 말고, 그리스도에게 용서받았기에 먼저 죄를 고백하고 용서를 구함으로 가족들을 보호해야 합니다. 이것이 가정을 영적으로 보호하는 성숙한 남성의 모습입니다.

바울은 남편이 그리스도께 받은 사랑으로 아내를 사랑하라고 합니다. 그리스도께서 교회
(남성)를 어떻게 사랑하십니까? 성경은 "남편들아 아내 사랑하기를 그리스도께서 교회를 사
랑하시고 그 교회를 위하여 자신을 주심 같이 하라. 이는 곧 물로 씻어 말씀으로 깨끗하게
하사 거룩하게 하시고 자기 앞에 영광스러운 교회로 세우사 티나 주름 잡힌 것이나 이런 것
들이 없이 거룩하고 흠이 없게 하려 하심이라"(엡 5:25-27)고 말합니다. 바울은 그리스도가
교회를 영광스런 신부로 세우시려고 일생동안 사랑 안에서 일하신다고 말합니다. 바울은
그리스도가 교회를 어떻게 사랑하는지 5가지 동사로 설명합니다. 그 5가지 동사는 '사랑하
시고', '자신을 주시고', '깨끗하게 하사', '거룩하게 하시고', '세우사'입니다.

다시 말해 (1)그리스도는 교회를 영원 전부터 사랑 하셨고, 사랑받을 가치가 없는 죄
인일 때도 사랑하셨습니다. (2)그리스도는 교회를 위하여 자신의 전부를 주셨습니다. (3)그
리스도는 교회를 날마다 말씀으로 깨끗하게 하시고, (4)거룩하게 하십니다. (5)그리스도는

교회를 영광스런 신부로 흠도 티도 없이 자기 앞에 세우시기 위해 일생동안 일하신다고 합니다. 바울은 그리스도가 교회를 어떻게 사랑하는지를 설명하면서, "남편들아 아내 사랑하기를 그리스도께서 교회를 사랑하심과 같이 하라"고 가르칩니다.

그리스도는 자기의 피로 구원한 남자(교회)를 하나님 앞에 영광스런 자녀로 세우기 위해 5가지 동사와 같이 사랑으로 일하십니다. 구원받은 남자는 그리스도와 인격적인 관계 안에서 이 사랑을 경험합니다. 남자는 이 그리스도와의 사랑을 '그리스도를 대신'하여 아내를 사랑합니다. 남자는 어떻게 사랑해야 합니까? 아내가 사랑받을 가치가 있기에 사랑합니까? 아내의 행위와 성품이 올바르고 훌륭하기에 사랑합니까? 아닙니다. 성경이 말하는 남편의 역할은 아내의 행위와 성품에 상관없이 아내를 사랑하는 것입니다. 남자의 머리이신 그리스도가 날마다 부어 주신 사랑을 경험하였으니, '주님이 사랑하신 것처럼' 아내에게 사랑을 흘려 보냅니다. 남편이 아내를 사랑하는 것은 남편의 힘과 노력, 의지에서 나온 사랑이 아니라, 남편과 그리스도와의 관계에서 경험한 사랑입니다. 남편은 그리스도가 자신을 어떻게 사랑하시는지를 경험하고 그리스도를 대신하여 사랑을 흘려 보내는 자입니다.

남편은 세상 누구도 할 수 없는 영광스런 특권을 하나님께로부터 받았습니다. 남편은 아내에게 하나님의 사랑을 공급해서 그녀를 하나님 앞에 거룩하게 세우는 특권을 부여받았습니다. 이것이 하나님이 디자인하신 결혼의 목적입니다. 결혼의 목적은 세상의 성공이나 두 사람의 로맨스, 행복이 아닙니다. 결혼의 목적은 남자와 여자가 영원한 신랑이신 그리스도 앞에 거룩하게 함께 서는 것입니다. 그리스도의 보혈의 피로 구원받은 아내가 결혼의 주인이신 예수님께 순종함으로 남편에게 순종하고 존경함으로 주님을 닮아 갑니다. 복음으로 구원받은 남편이 인생의 주인이신 그리스도의 사랑을 날마다 넘치게 경험한 것으로 아내를 인도하고 공급하고 보호함으로 주님을 닮아 거룩해져 갑니다. 남자와 여자는 결혼과 가정에서 여전히 죄인이지만, 그리스도의 사랑 안에서 함께 거룩하게 성장해 갑니다.

성경이 말하는 남성과 여성으로 사는 것은 건강한 가정을 이루고, 건강한 교회를 세웁니다. 하나님이 디자인하신 원리를 따라 남성과 여성으로 살아간다면, 다음 세대를 복음으로 제자화하는 견고한 교회를 세울 수 있습니다. 하나님이 세우신 뜻대로 가정과 결혼을 세워 가는 교회는 세상에 하나님이 통치하시는 나라가 무엇인지 나타낼 수 있습니다.

결혼 안의 남성과 여성의 삶은 단지 두 사람만의 행복이 아닙니다. 성경이 말하는 결혼은 그리스도와 교회의 비밀을 세상에 나타내는 현장입니다. 결혼 안에서 남성과 여성의 삶은 결혼의 주인이신 그리스도와의 관계에서 일어나는 열매입니다. 이 열매는 다음 세대에게 복음을 전하며, 세상에 하나님의 은혜의 비밀을 나타냅니다.

 ## 복음의 진리를 마음에 새기는 말씀

❶ 바울은 초대 교회 성도들에게 결혼에 대해 "이 비밀이 크도다. 나는 그리스도와 교회에 대하여 말하노라"(엡 5:32)라고 말합니다. 결혼은 무슨 큰 비밀을 나타내는 것입니까?

> 엡 5:31-32 그러므로 사람이 부모를 떠나 그의 아내와 합하여 그 둘이 한 육체가 될지니 이 비밀이 크도다. 나는 그리스도와 교회에 대하여 말하노라.

_____

_____

❷ 베드로는 초대 교회 성도들에게 결혼에 대해서 말합니다. 아내들에게 무엇이라고 가르칩니까?

> 벧전 3:1 아내들아, 이와 같이 자기 남편에게 순종하라. 이는 혹 말씀을 순종하지 않는 자라도 말로 말미암지 않고 그 아내의 행실로 말미암아 구원을 받게 하려 함이니

_____

_____

❸ 하나님의 딸, 아내가 남편에게 순종할 힘은 어디에서 나옵니까?

벧전 3:5 전에 하나님께 소망을 두었던 거룩한 부녀들도 이와 같이 자기 남편에게 순종함으로 자기를 단장하였나니

_____

_____

_____

_____

❹ 하나님께 소망을 둔 여성의 마음의 태도는 무엇입니까? 아내로서 매일 단장해야 하는 것을 나누세요.

벧전 3:3-4 너희의 단장은 머리를 꾸미고 금을 차고 아름다운 옷을 입는 외모로 하지 말고 오직 마음에 숨은 사람을 온유하고 안정한 심령의 썩지 아니할 것으로 하라. 이는 하나님 앞에 값진 것이니라.

_____

_____

_____

❺ 바울과 베드로는 남편의 역할이 무엇이라고 합니까?

엡 5:28-30 이와 같이 남편들도 자기 아내 사랑하기를 자기 자신과 같이 할지니 자기 아내를 사랑하는 자는 자기를 사랑하는 것이라. 누구든지 언제나 자기 육체를 미워하지 않고 오직 양육하여 보호하기를 그리스도께서 교회에게 함과 같이 하나니 우리는 그 몸의 지체임이라.

벧전 3:7 남편들아, 이와 같이 지식을 따라 너희 아내와 동거하고 그를 더 연약한 그릇이요 또 생명의 은혜를 함께 이어 받을 자로 알아 귀히 여기라. 이는 너희 기도가 막히지 아니하게 하려 함이라.

_____

_____

_____

_____

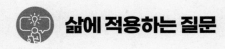 **삶에 적용하는 질문**

❶ 당신의 결혼 생활은 몇 년 되었습니까? 나의 배우자의 장점을 말해 주세요. 배우자에게
감사한 것 2-3가지는 무엇인지 나누세요.

_____

_____

_____

❷ 성경이 말하는 남편의 역할-인도, 공급, 보호, 사랑과 아내의 역할-순종, 격려가 무엇
인지 자신의 말로 구체적으로 설명해 주세요. 이것이 어떻게 그리스도와의 관계 안에서
일어나는 역할인지 대화하세요.

_____

_____

❸ 나의 결혼 생활에서 남성의 역할 4가지, 여성의 역할 2가지에서 1-2년 동안 가장 많이 성장하기 원하는 것은 무엇입니까?

_____

_____

❹ 만일 싱글 또는 청년이라면, 성경이 말하는 남성과 여성의 역할을 통해 내가 기억해야 하는 것과 새롭게 깨달은 것은 무엇인지 나누세요.

_____

_____

❺ 하나님이 남자와 여자를 만드셨습니다. 하나님이 결혼의 주인이십니다. 하나님이 기뻐하는 남성, 여성이 되기 위해서 하나님께 지혜를 구하는 기도를 함께 하세요.

_____

_____

 **자기 체크 리스트**

1. 엡 5:31-32 말씀으로 "결혼이 그리스도와 교회를 말하는 비밀"인 이유를 나누세요. ☐ 복음알기

2. 하나님이 창조하신 남자와 여자가 존귀하고 동등하지만 역할이 다르다는 의미를 말하세요. ☐

3. 성경이 말하는 아내의 역할을 2가지 단어로 설명하세요. ☐

4. 성경이 말하는 남편의 역할을 4가지 단어로 말해 보세요. ☐

5. 남편과 아내의 역할이 그리스도와의 관계에서 나온다는 것은 무슨 뜻인지 말하세요. ☐

1. 나의 배우자에게 최근의 감사한 것 2-3가지를 찾아 고백해 주세요. ☐ 복음

2. 부부가 함께 성경이 말하는 남자와 여자의 역할을 공부하고 대화하세요. ☐ 적용하기

7과

공동체 안에서
성장하는 삶

🧠 생각하기

인생을 여행하는 성도에게 교회만큼 중요한 곳은 없습니다. 그러나 그리스도인들에게 교회의 중요성은 너무 자주 무시됩니다. 만일 성도들이 이사를 간다면 무엇을 중요하게 여깁니까? 일반적으로 직장, 자녀들의 학교, 교통 수단을 고려하며 이사를 준비하지, 건강한 교회가 있는지는 중요하게 여기지 않습니다. 안타깝게도 오늘날 성도들 안에서 교회가 복음의 영광을 선포하는지, 친밀한 공동체의 교제가 있는지를 중요하게 여기는 그리스도인을 찾기가 어렵습니다.

　　바울은 "하나님이 자기 피로 사신 교회"(행 20:28)라고 말합니다. 교회는 하나님의 아들의 십자가의 피로 지어진 하나님의 가족 공동체입니다. 이 교회는 사람의 지혜나 능력으로 만든 조직이 아닙니다. 교회는 영원 전부터 하나님의 마음에 감추어졌던 비밀(엡 3:9)이 나타난 공동체입니다. 이 교회는 하나님의 아들이 성육신하시고 십자가와 부활로 지어진 하나님의 가족 공동체입니다. 이 교회의 주인은 그리스도이십니다. 그리스도는 성령을 교회에 보내셨고(행 2:33), 성령은 복음으로 불러낸 자녀들의 인생에 능력으로 역사하셔서 그들을 하나님 앞에 흠 없는 그리스도의 거룩한 신부로 세우십니다(엡 5:27). 성도는 교회가 무엇인지, 인생의 여행을 하며 교회의 중요함을 하나님의 관점에서 알아야 합니다.

오늘날 교회는 위기입니다. 교회가 위기인 두 가지 이유가 있습니다. 첫째, 교회가 복음을 부끄러워하는 것입니다. 존 맥아더(John MacArther)는 "오늘날 교회가 실용주의 철학과 세속화 정신으로 휩쓸려 위기를 맞았다. 복음 전도는 마케팅으로 간주되었고 교회는 비즈니스로 상품을 파는 방식으로 복음을 팔고 있다. 근본적 변화가 있어야 한다"*라고 말합니다. 오늘날 교회가 복음을 부끄럽게 여기는 것은 가장 심각한 위기입니다. 교회는 하나님의 구원하시는 능력의 복음을 항상 선포해야 합니다(롬 1:16).

교회가 위기인 두 번째 이유는 성도들이 복음의 삶을 나누는 공동체를 잃어버린 것입니다. 제리 브리지스는 "우리는 다른 그리스도인들과의 교제를 영적 사치품, 즉 개인적인 경건의 연습에 있어서 해도 되고 안 해도 되는 임의의 부가사항으로 생각해서는 안 됩니다. 우리는 이러한 교제가 영적 필수품이라는 것을 인식해야만 합니다"**라고 말합니다. 성도의 교제는 성도가 선택하는 것이 아니라, 신앙생활에 필수입니다. 성도는 공동체 안에서 함께 교제하며 복음을 깨달아 가고, 자신의 죄를 버리고 그리스도를 닮아 갑니다.

오늘날 성도는 복음과 공동체를 잃어 가는 위기의 시대에서 다시 깨어나야 합니다. 날마다 자신에게 복음을 선포해야 하며, 공동체 안에서 하나님 아버지를 알아 가고 닮아 가야 합니다. 이 과를 통해서 교회 공동체의 중요성을 배웁니다. 성도는 일생동안 공동체 안에서 어떻게 열매 맺는 삶을 살 것인지를 알아야 합니다.

* 존 맥아더, 황성철 역, 『복음을 부끄러워하는 교회』(서울: 생명의 말씀사, 2010), p.46~47.
** 제리 브리지스, 『진정한 교제』(서울: 네비게이토출판사, 2000), p.68~69.

주제 나누기

교회는 무엇입니까? 많은 사람들이 교회를 예배당 건물로 생각합니다. 그러나 성경은 교회를 건물이라고 말하지 않습니다. 어떤 사람들은 교회를 가난한 자들과 소외된 자들을 도와주는 구제 단체나 사람들이 모인 친교 단체로 생각하기도 합니다. 이것은 교회에 대한 잘못된 생각입니다. 교회의 본질은 사람입니다. 그냥 단순한 사람이 아니라, "교회는 예수 그리스도를 주와 구주로 고백하고 그의 보혈로 죄 사함을 받아 새 생명을 얻은 사람들의 모임입니다." 더 정확히 말하면 교회는 예수를 하나님의 아들이며, 창조자로, 구원자로, 인생의 통치자로 고백하는 사람들 안에 성령 하나님의 교통하심과 하나님 아버지의 사랑 안에서 유기적으로 친밀한 교제를 나누는 공동체입니다.

우리는 교회가 무엇인지 에베소서를 통해서 살펴보고, 교회 공동체 안에서 복음으로 사는 원리가 무엇인지 알아보겠습니다.

첫째, 에베소서에 나타난 교회의 모습

하나,
교회는 하나님의 가족입니다.

바울은 에베소교회의 성도들에게 "너희는 하나님의 권속이라"(엡 2:19)고 말합니다. 권속이란, '가족'입니다. 교회 공동체는 '한 아버지, 하나님'을 모시고 사는 가족입니다. 우리는 혈육의 피로 맺어진 가족이 아니라, 예수 그리스도의 피로 맺어진 하나님을 아버지로 모신 가족입니다.

　'교회가 가족이다'는 말을 쉽게 설명하면, 교회는 야구장이 아닙니다. 야구장에서는 자신이 좋아하는 팀을 응원하다가 경기가 끝나면 주위 사람들에게 관심을 갖지 않고 자리를 떠납니다. 야구를 관람하는 동안 주변의 사람들에게 인사하거나 삶의 고민을 물어보지 않습니다. 야구장에서 만나는 사람들은 가족이 아니기 때문입니다. 교회가 주변 사람들과 아무런 교제 없이 떠나는 야구장 같다면 위험합니다. 교회는 서로 교제하고 삶을 나누는 하나님의 가족 공동체입니다. 하나님은 우리를 야구장의 청중으로 부르신 것이 아니라, 예수 그리스도의 십자가의 피로 태어나, 한 아버지 하나님을 모시고 사는 영원한 가족으로 부르셨습니다.

둘,
교회는 그리스도의 몸입니다.

바울은 교회를 "그리스도의 몸"(엡 1:23)이라고 합니다. 바울은 교회가 몸이기에 예수님은 몸의 머리이시고 성도는 몸에 연결된 지체라고 합니다. 그리스도는 교회를 자신의 피로 사시고, 교회의 머리가 되셔서 교회 지체들을 돌보십니다. 바울은 말하기를 "그는 머리니 곧 그리스도라. 그에게서 온몸이 각 마디를 통하여 도움을 받음으로 연결되고 결합되어 각 지체의 분량대로 역사하여 그 몸을 자라게 하며, 사랑 안에서 스스로 세우느니라"(엡 4:15-16)고 합니다. 교회의 머리이신 그리스도가 몸에 연결된 지체들을 그리스도의 장성한 분량까지 자라도록 돌보신다고 합니다.

　　박영돈 목사는 "그리스도의 몸인 교회는 그리스도가 임재하고 일하시는 현장이다. 그리스도는 만물 안에 충만히 거하시지만 일차적으로 그의 몸인 교회 안에 거하시고 그 몸의 성장을 위해 특별한 은총으로 역사하신다. 자신의 몸 된 교회가 세상을 본받지 않고 머리이신 그리스도를 닮아 가게 하신다"*고 말합니다.

　　어떤 사람이 망치로 못을 박다가 손을 다쳤습니다. 망치를 잘못 사용한 손을 잘라내야 합니까? 한 몸이기에 그럴 수 없습니다. 아무리 말썽 부리고 자주 아픈 다리일지라도

* 박영돈, 『일그러진 한국 교회의 얼굴』(서울: IVP, 2013), p.48.

한 몸이기에 잘라 낼 수 없습니다. 만일 자녀들이 자주 불순종하고 학교 성적이 형편없다면 어떻게 합니까? 부모의 이름을 부끄럽게 했으니 자녀를 쫓아내야 합니까? 자녀들은 가족이기에 그렇게 할 수 없습니다. 교회는 머리이신 그리스도와 연결된 한 몸이기에 부족하고 연약한 지체일지라도 잘라 내지 않습니다. 모든 지체는 머리이신 그리스도에게 연결된 한 몸 공동체입니다.

셋,
교회는 성령 안에서 하나님이 거하시는 성전입니다.

바울은 에베소 성도들에게 교회에 대해 말하기를 "그리스도 예수께서 친히 모퉁잇돌이 되셨느니라. 그의 안에서 건물마다 서로 연결하여 주 안에서 성전이 되어 가고 너희도 성령 안에서 하나님이 거하실 처소가 되기 위하여 그리스도 예수 안에서 함께 지어져 가느니라"(엡 2:20-22)라고 합니다. 교회는 삼위 하나님이 거하시는 성전입니다. 성전은 예수님이 모퉁잇 돌이시고, 성령도 거하시고, 하나님이 함께 거하시는 처소라고 합니다. 성도는 모퉁잇 돌이신 예수 그리스도에게 연결되어 하나님이 거하시는 성전으로 함께 지어져 갑니다.

교회의 놀라운 묘사가 이해가 되십니까? 교회의 기초석은 그리스도이십니다. 하나님은 아무나 성전의 기초석으로 세우실 수 없습니다. 세상의 권력을 가진 트럼프 대통령이 교회의 기초석이 될 수 없습니다. 세상의 최고 부자 빌 게이츠가 기초석이 될 수 없습니다. 이 땅의 최고 성인들을 모두 합쳐도 하나님이 거하시는 성전의 기초석이 되기에 충분하지 않습니다. 그들은 여전히 죄인이기 때문에, 그들이 가진 돈과 권력을 의지해도 하나님 앞에 설 수 없습니다. 예수님은 어떻게 성전의 모퉁잇 돌, 기초석이 되셨습니까? 예수님은 하나님이 거하시는 성전을 짓기 위해, 우리와 같은 육신의 몸을 입고 이 땅에 오셨습니다. 예수님은 율법 아래 태어나시고 하나님께 순종하셨고 죄 없이 의롭게 사셨습니다. 우리의 죄를 대신해서 진노를 받아 십자가에 죽으시고 부활하셨습니다. 그리고 하나님 나라의 문을 여시고, 하나님 성전의 기초석이 되셨습니다. 예수 그리스도께서 행하신 구원의 사역을 믿는 자들은 모퉁잇 돌이신 예수 그리스도와 연결되어 함께 성전의 돌로 쌓입니다. 베드로는 "너희도 산 돌같이 신령한 집으로 세워진다"(벧전 2:5)고 말합니다. 성전에 쌓인 돌들은 예수 그리스도의 피로 죄를 용서받은 돌들이고, 예수의 의의 옷을 입은 새로운 피조물로 변화된 돌들입니다. 그 돌들은 예수 그리스도에게 연결되어 의지하고 있고, 돌들은 서로 의지해서 하나님이 거하시는 성전으로 지어져 갑니다.

교회는 사람이 만든 단체가 아닙니다. 교회는 하나님 아버지의 사랑으로 지어졌고 예수 그리스도의 십자가의 죽으심과 부활로 세워졌으며, 성령 하나님이 다스리고 인도하시는 하나님의 가족 공동체입니다.

바울이 에베소 성도들에게 가르치는 교회는 무엇입니까? 교회는 하나님의 가족이며(엡 2:19), 그리스도의 몸이고(엡 1:23), 성령이 거하시는 성전(엡 2:22)입니다. 이 교회의 본질은 2가지 특징을 가지고 있습니다. 첫째, 교회는 삼위 하나님과 연결된 공동체입니다. 성도는 하나님의 가족으로서 항상 하나님 아버지와 연결된 자녀들이며, 성도는 머리이신 그리스도와 연결된 몸의 지체들입니다. 또한 성도는 성령이 우리 안에 계시기에 성령의 인도하심과 다스림을 받습니다. 성도는 삼위 하나님과 분리되지 않고 밀접한 관계를 가집니다. 둘째, 성도는 서로 연결되어 있고 함께 성장합니다. 성도는 혼자서 단독으로 존재하지 않습니다. 성도는 하나님의 가족이기에 다른 가족과 연결되어 있습니다. 교회는 몸이기에 모든 지체가 그리스도에게 연결되어 있고, 서로가 서로에게 연결되어서 함께 성장합니다. 성도는 동일한 성령의 인도하심을 받기에 성령의 은사로 섬기며 한 몸을 이루고 자라 갑니다. 이 두 가지 교회의 특징은 "너희 안에서 착한 일을 시작하신 이가 그리스도 예수의 날까지 이루실"(빌 1:6) 것입니다.

제리 브리지스는 "영적 교제는 우리의 영적 성장과 건강에 없어서는 안 되는 중요한 것입니다. 하나님께서는 우리가 하나님을 의지하며, 또한 서로를 의지하도록 만드셨습니다. 성경적 교제는 그리스도 안에 있는 공동의 생명을 함께 나누는 것과 하나님께서 우리에게 주신 것을 서로와 나누는 것을 포함합니다[*]고 말합니다. 즉, 교회 공동체가 서로 교제하는 것은 프로그램이 아니라 교회의 본질입니다. 성도의 교제는 해도 되고 안 해도 되는 선택사항이 아니라 반드시 필수입니다. 성도는 일생동안 하나님의 생명 안에서 인격적으로 교제할 뿐 아니라, 성도와 친밀한 교제를 통해 주님을 닮아 가고 거룩하게 성장합니다.

둘째, 교회 공동체 안에서 복음으로 사는 원리

교회는 삼위 하나님과 연결되어 있고, 서로에게 연결된 공동체입니다. 성도가 이 원리를 따라 공동체 안에서 복음을 적용할 때 어떤 열매가 있습니까? 이 5가지 열매는 건강한 교회 공동체의 모습입니다. 이것은 건강한 교회의 '복음 문화'와 같습니다.

하나,
하나님의 말씀의 진리를 서로 나누고 적용합니다.

성도는 날마다 하나님의 말씀을 묵상하고 인격적인 교제를 하며, 하나님을 알아 가고 자라

* 제리 브리지스, 앞의 책, p.68.

갑니다. 또한 성도들은 공동체로 모였을 때 하나님의 말씀을 서로 나눕니다. 각 사람에게 주신 하나님의 말씀은 혼자만의 것이 아니라, 서로에게 은혜가 흘러가서 교회 공동체를 유익하게 하는 말씀입니다. 존 파이퍼는 "하나님의 말씀은 공동체적 재산이어야 하며 공동체적 사건이어야 한다. 하나님의 말씀은 신자들의 교제 속에서 살아 있어야 한다"*고 말합니다.

공동체 안에서 하나님의 말씀을 나누는 것은 말씀을 효과적으로 적용하기 위해서입니다. 야고보는 "너희는 말씀을 행하는 자가 되고(듣는 말씀을 행하는 자가 되고) 듣기만 하여 자신을 속이는 자가 되지 말라. 누구든지 말씀을 듣고 행하지 아니하면 그는 거울로 자기의 생긴 얼굴을 보는 사람과 같아서 제 자신을 보고 가서 그 모습이 어떠했는지를 곧 잊어버리거니와"(약 1:22-24)라고 말합니다. 아침에 일어나서 거울을 보는 것은 전날 밤에 엉망이 된 모습을 거울을 보고 고치기 위함입니다. 그처럼 성도는 매일 하나님의 말씀의 거울을 통해 우리 자신을 살펴봅니다. 말씀의 거울로 우리의 망가진 모습을 보고도 아무런 변화도 없이 사는 사람은 하나님의 말씀을 듣기만 하고 자신을 속이는 자라고 합니다.

공동체(소그룹)의 환경은 말씀을 듣기만 하고 행하지 않는 어리석은 자가 되지 않기 위해 하나님의 말씀을 적용할 수 있는 아주 좋은 환경입니다. 공동체(소그룹) 안에서 성도가 교제한다는 것은 단지 인생의 고민과 아픔을 쏟아내는 것이 아니라 하나님께서 각 사람에게 주신 말씀을 나누는 곳이며, 이 말씀을 일상의 삶에 적용함으로 함께 성장해 갑니다.

* 존 파이퍼, 전의우 역, 『하나님을 기뻐할 수 없을 때』(서울: IVP, 2007), p.182-183.

둘,
성령이 주시는 힘으로 서로를 섬기고 돌봅니다.

성도는 그리스도의 몸 안에 연결된 지체들이며, 성도의 마음에 성령이 거하십니다. 성령은 성도들에게 은사를 나누어 주셔서 서로를 섬기며 돌보게 하셨습니다. 성령께서 각 성도에게 은사를 나누어 주신 목적은 성도를 온전하게 하여 그리스도의 몸을 세우기 위함입니다(엡 4:12). 베드로는 "각각 은사를 받은 대로 하나님의 여러 가지 은혜를 맡은 선한 청지기같이 서로 봉사하라. 만일 누가 말하려면 하나님의 말씀을 하는 것 같이 하고, 누가 봉사하려면 하나님이 공급하시는 힘으로 하는 것 같이 하라. 이는 범사에 예수 그리스도로 말미암아 하나님이 영광을 받으시게 하려 함이니"(벧전 4:10–11)라고 말합니다. 성도는 공동체 안에서 성령이 공급해 주시는 힘으로 서로를 돌보고 섬기며, 함께 성장해 갑니다.

교회는 한 몸이기에 약한 지체를 서로 섬기고 돌보라는 부르심을 받았습니다. 성경은 "몸 가운데서 분쟁이 없고 오직 여러 지체가 서로 같이 돌보게 하셨느니라. 만일 한 지체가 고통을 받으면 모든 지체가 함께 고통을 받고, 한 지체가 영광을 얻으면 모든 지체가 함께 즐거워하느니라"(고전 12:25–26)고 합니다. 만일, 우리 몸에서 발이 부러졌습니다. 눈이 다른 지체에게 말합니다. "여러분 발이 심하게 다쳤어요. 발이 까불고 잘난 체하더니 그렇게 될 줄 알았어요." 이렇게 다른 지체를 비난하고 험담합니까? 아닙니다. 발 지체가 고통을 받으면 모든 지체가 함께 고통을 당하며 서로 돌보아야 합니다. 이처럼 성도는 죄인이기에 연약한 지체가 넘어져 고통을 당할 때 비판하고 정죄할 수 있는 위험이 있습니다. 그러나 공동체는 그리스도의 몸이요 서로 연결된 지체이기에(고전 12:27) 연약한 지체와 함께 고통을 당하고 모든 지체가 함께 섬기며 돌보아야 합니다.

셋,
예수 그리스도에게 용서받은 은혜로 서로 죄를 고백하고 용서합니다.

성도는 예수 그리스도에게 용서받은 은혜를 경험하고, 서로를 용납하고 용서합니다. 바울은 골로새 성도들에게 "누가 누구에게 불만이 있거든 서로 용납하여 피차 용서하되 주께서 너희를 용서하신 것 같이 너희도 그리하고 이 모든 것 위에 사랑을 더하라. 이는 온전하게 매는 띠니라"(골 3:13-14)고 합니다.

용서는 용서받을 자격이 없는 사람에게 베푸는 사랑의 표현입니다. 예수님은 십자가 위에서 자격 없는 죄인들을 향하여 "아버지, 저들을 사하여 주옵소서"(눅 23:34)라고 기도합니다. 예수님은 용서받을 만한 자격이 없는 우리의 죄를 용서하기 위해 우리 대신 십자가 위에서 모든 저주와 형벌을 받으셨습니다. 이 죄 사함의 은혜를 받은 자들은 그리스도께서 용서하신 것처럼, 서로 죄를 고백하고 용서합니다. 이것이 복음의 은혜를 경험하며 사는 교회 공동체의 열매입니다.

　우리는 용서하든지, 하지 않든지 둘 중 하나를 선택해야 합니다. 무엇을 선택하든지 충분한 대가를 지불해야 합니다. 만일, 하나님의 말씀을 따라 용서를 선택한다는 것은 내가 받은 상처를 되갚아 준다는 권리를 포기한다는 의미입니다. 나에게 상처를 준 사람에게 벌을 주고 싶은 욕구를 죽여야 용서할 수 있습니다. 용서를 선택할 때는 내가 처벌할 권리를 주님께 맡기는 것입니다. 용서할 수 있는 힘은 하나님이 나를 먼저 용서해 주셨다는 믿음 때문에 사랑으로 용서할 수 있습니다. 만일, 용서하지 않는다면 치러야할 비용이 있습니다. 이웃을 용서하지 못하면 마음 깊이 분노를 숨기게 되고, 복수할 생각이 가득하게 됩니다. 용서하지 못하는 마음은 과거의 기억의 감옥에 갇혀 살게 되고 분노가 들끓어 오르게 됩니다. 결혼이나 가정 안에 죄의 고백과 용서가 없다면, 오해와 비난과 갈등이 반복되고 날마다 위험한 전쟁을 합니다. 교회 공동체 안에 죄 고백과 용서가 없다면 형식적인 만남이 계속되고, 비판과 험담으로 비참한 전쟁을 계속하게 됩니다. 박영돈은 이렇게 말합니다. "서로의 가면이 벗겨지고 서로에게 실망했을 때 바로 그때가 참된 교제를 시작할 때이다. 우리 모두 불완전하고 허물 많은 사람들이니 서로 알아 갈수록 실망하게 되는 것이 당연하다. 그러나 실망스러운 모습이 그들과 단절해야 하는 이유가 아니라 오히려 더 깊이 교제 속으로 들어가야 한다. 성령의 치유와 용서의 은혜가 흐르는 교제의 장으로 들어가 그 은혜를 서로에게 전달하는 통로가 되어야 한다."*

서로 죄를 고백하고 용서하는 것은 십자가의 은혜로 주시는 하나님의 놀라운 선물입니다. 하나님이 형편없는 우리를 먼저 용서해 주셨기에 우리가 서로 용서하는 것입니다. 교회는 하나님의 가족 공동체입니다. 교회 안의 모든 성도는 하나님의 진노를 받아야 하는 자였지만, 십자가로 인하여 용서를 경험한 자녀입니다. 그러기에 교회 공동체는 서로 죄를 고백하고 하나님이 용서하신 놀라운 용서를 서로에게 선포하며, 복음의 은혜를 전달하는 통로가 되어야 합니다.

넷,
성령이 행하시는 은혜의 증거를 찾아서 서로 격려합니다.

우리는 5장 '일생 겸손을 훈련하라'는 주제에서 바울이 문제가 많은 고린도교회를 격려하는 모습을 보았습니다. 고린도교회는 인간적인 관점으로 바라보면 격려할 것이 없는 교회지만 바울은 하나님의 관점으로 그들을 봅니다. 바울은 고린도 성도들을 하나님이 거룩하게

* 박영돈, 앞의 책, p.104.

하신 성도로 보았고, 하나님이 신실하게 일하셔서 예수 그리스도의 날까지 견고하게 세우신다(고전 1:8-9)는 확신을 가졌기에 격려합니다. 이처럼 교회 공동체는 다른 지체들의 죄와 연약한 모습 때문에 실망하지 않습니다. 공동체는 각 사람 안에서 성령이 신실하게 일하신 증거를 찾아서 격려하면서 성장해 갑니다.

바울은 말하기를 "형제들아, 너희를 권면하노니 게으른 자들을 권계하며 마음이 약한 자들을 격려하고 힘이 없는 자들을 붙들어 주며 모든 사람에게 오래 참으라"(살전 5:14)고 합니다. 공동체의 지체들 안에는 인생의 골짜기에서 고통당하여 마음이 약한 자들, 게으른 자들, 또는 힘이 없는 자들이 있습니다. 하나님은 이들을 사랑하사 구원하시고 교회의 가족으로 불러 주셨습니다. 한 몸으로 부르심을 입은 우리가 할 일은 그들의 죄를 들추어내어 수치를 주는 것이 아닙니다. 우리는 그들이 게으를 때 죄를 억제 할 수 있도록 권면해야 합니다. 그들의 마음이 약할 때, "당신은 예수 그리스도의 피로 구원받은 거룩한 자녀입니다"라고 말하며 그리스도인의 정체성을 볼 수 있도록 격려해야 합니다. 또한 그들이 힘이 없어서 낙심 될 때, 비난하고 정죄하는 것이 아니라 붙들어 주어야 합니다. 그리고 "너희 안에 성령이 신실하게 일하신다"는 진리의 말로 격려하며 오래 참아야 합니다. 성령이 행하시기에 우리는 그 은혜로 격려할 수 있습니다.

우리의 본성은 격려하기보다 비판과 흠을 잡으려고 합니다. 교회 공동체 안에 모인

지체들은 여전히 죄인이기에 격려는 익숙하지 않습니다. 그러나 성도가 격려할 수 있는 이유는 다른 지체를 예수님의 피를 주고 산 하나님의 자녀라는 정체성을 알뿐 아니라, 지금도 성령이 신실한 은혜로 일하시는 성도인 것을 확신하기 때문입니다. 교회 공동체가 이 놀라운 하나님의 일하심을 자랑하고 격려하는 열매가 풍성할 때, 건강한 교회로 성장합니다.

다섯,
승천하신 예수 그리스도의 은혜의 보좌 앞에 나아가 서로 함께 기도합니다.

기도는 십자가의 능력으로 성도에게 주신 특권입니다(히 10:19). 히브리서 저자는 초대 교회 성도들에게 말하기를 "그러므로 우리에게 큰 대제사장이 계시니 승천하신 이 곧 하나님의 아들 예수시라. 우리가 믿는 도리를 굳게 잡을지어다. …… 우리는 긍휼하심을 받고 때를 따라 돕는 은혜를 얻기 위하여 은혜의 보좌 앞에 담대히 나아갈 것이니라"(히 4:14,16)라고 합니다. 성도는 땅에 살면서 하늘에 승천하신 하나님의 아들 예수 그리스도의 은혜의 보좌에 담대히 나아갈 수 있는 특권을 가진 자녀입니다.

성도는 이 땅에서 나그네로 살아가는 동안 우리 힘으로 할 수 없는 수많은 골짜기들을 만납니다. 우리 힘으로는 밀려오는 두려움과 죄책감을 해결할 수 없습니다. 우리 힘으로 자녀들을 변화시킬 수 없고, 가까운 사람들을 용서할 수도 없는 죄인입니다. 그러나 성도들은 승천하신 예수 그리스도의 은혜의 보좌에 나아가 때를 따라 돕는 은혜를 얻을 수 있습니다. 예수님은 이 땅에 계실 때 말씀하시기를 "진실로 다시 너희에게 이르노니 너희 중의 두 사람이 땅에서 합심하여 무엇이든지 구하면 하늘에 계신 내 아버지께서 그들을 위하여 이루게 하시리라. 두세 사람이 내 이름으로 모인 곳에는 나도 그들 중에 있느니라"(마 18:19~20)고 하십니다. 교회 공동체는 두세 사람이 함께 모여 스스로의 힘으로 할 수 없는 인생의 모든 문제를 가지고 은혜의 보좌, 예수 그리스도에게 나아갑니다. 그때 두세 사람 안에 함께하시는 하나님께서 응답하시고 때를 따라 돕는 은혜를 허락하십니다.

스펄전(Charles Spurgeon) 목사는 '은혜의 보좌'에 대해서 이렇게 말합니다. "우리가 은혜의 보좌에 어린아이처럼 가야 합니다. 우리의 기도에 결점과 얼룩이 많아도 괜찮습니다. 우리의 어리숙한 말, 더듬거리는 기도, 절름발이식 간구가 있어도 괜찮습니다. 그곳은 공의의 보좌가 아니라, 은혜의 보좌이기 때문입니다. 세상의 군주라면 약간만 말을 실수하고 엉성한 자세이면 '무엄하다, 버릇없다' 하면서 내어 쫓겠지만, 은혜의 보좌에 계신 왕은 자녀의 결점 있는 부르짖음을 절대 야단치지 않습니다. 보좌 앞에 오기 전에 당신이 얼마나 안팎이 죄로 더럽혀진 자일지라도, 그 피를 힘입어 나아가면 보좌의 왕은 이렇게 선언하십니다. '내가 그 죄인을 사랑하노라. 비록 그가 아무런 공로도 없지만 내가 가진 공로로 그를 축복하였노라. 그는 나의 자녀이다. 나의 은혜로 용서하였고, 나의 의로 그를 덮었노라. 나의 은혜를 주어, 지금 그 어려운 때를 걸어갈 은혜를 주리라.'"[*]

교회 공동체는 누구나 죄인입니다. 서로를 볼 때 많은 결점과 더러움을 가진 사람입니다. 그러나 안과 밖이 죄로 더럽혀진 두세 사람일지라도 예수의 피를 힘입어 은혜의 보좌에 함께 나아가는 공동체입니다. 날마다 엉망인 모습 그대로, 인생의 해결할 수 없는 무거운 짐을 가지고 하늘의 은혜의 보좌에 주저하지 않고 나아가는 것이 교회 공동체가 복음으로 사는 원리입니다.

폴 트립은 건강한 교회 공동체를 세우는 원리에 대해서 말하면서 "하나님은 숙련된 유급 전문가의 손에 우리의 성화를 맡기지 않으셨다. 하나님의 계획은 교회의 모든 지체들이 성실하게 참여하는 사역을 통해서 교회 전체가 그리스도 안에서 온전히 성숙하게 자라나는 것이다. …… 그분의 모든 자녀들은 서로를 변화시키는 사역으로 부르심을 받은 것이다"[**]라고 합니다.

우리는 교회 공동체성이 무너지는 위기의 시대에 살고 있습니다. 세상의 소망은 복음의 능력이 삶으로 열매 맺는 공동체입니다. 하나님의 임재가 가득한 공동체 안에는 하나님의 말씀이 있고, 그리스도의 보혈의 능력을 경험하고, 성령이 거룩하게 하시는 열매를 봅니다. 서로 용서하고 서로 섬기며 격려하는 진정한 교제가 있는 공동체는 세상에 복음을

[*] 스펄전, 『스펄전 설교전집: 히브리서』(대구: 보문출판사, 1994), p.309.
[**] 폴 트립, 황규명 역, 『치유와 회복의 동반자』(서울: 디모데, 2007), p.8.

전하는 통로가 됩니다. 교회의 머리이신 그리스도께서 복음의 열매가 가득한 교회를 세우시기 위해 신실하게 일하시니 우리는 온 힘을 다해 수고해야 합니다.

복음의 진리를 마음에 새기는 말씀

❶ 예수님이 제자들에게 "너희는 나를 누구라 하느냐"라고 물으실 때 베드로는 무엇이라고 말합니까? 만일 예수님이 당신에게 "너는 나를 누구라 하느냐"라고 물으시면 무엇이라고 대답하겠습니까?

마 16:15-16 이르시되 너희는 나를 누구라 하느냐. 시몬 베드로가 대답하여 이르되 주는 그리스도시요 살아 계신 하나님의 아들이시니이다.

예수님은 베드로의 신앙고백 위에 교회를 세우십니다. 예수님이 말씀하시는 교회의 권세는 무엇입니까? 우리는 이 교회의 권세를 회복해야 합니다. 신약의 교회 공동체는 무엇인지, 복음을 적용하는 공동체는 어떤 열매를 맺는지 살펴봅니다.

❷ 예수님은 신약에서 처음으로 "교회"라는 말씀을 하십니다. 교회는 누가 세웁니까? 예수님이 말씀하신 교회는 누구에게 속하였습니까?

> 마 16:17-18 예수께서 대답하여 이르시되 바요나 시몬아 네가 복이 있도다. 이를 네게 알게 한 이는 혈육이 아니요 하늘에 계신 내 아버지시니라. 또 내가 네게 이르노니 너는 베드로라. 내가 이 반석 위에 내 교회를 세우리니 음부의 권세가 이기지 못하리라.

---

❸ 예수님이 세우시는 교회의 권세는 무엇입니까? 교회의 능력이 무엇인지 나누세요.

> 마 16:18-19 또 내가 네게 이르노니 너는 베드로라. 내가 이 반석 위에 내 교회를 세우리니 음부의 권세가 이기지 못하리라. 내가 천국 열쇠를 네게 주리니 네가 땅에서 무엇이든지 매면 하늘에서도 매일 것이요 네가 땅에서 무엇이든지 풀면 하늘에서도 풀리리라.

---

❹ 바울은 교회를 무엇이라고 말합니까? 하나님은 교회 공동체를 어떻게 세워 가십니까?

엡 2:19-22 그러므로 이제부터 너희는 외인도 아니요 나그네도 아니요 오직 성도들과 동일한 시민이요 하나님의 권속이라. 너희는 사도들과 선지자들의 터 위에 세우심을 입은 자라. 그리스도 예수께서 친히 모퉁잇 돌이 되셨느니라. 그의 안에서 건물마다 서로 연결하여 주 안에서 성전이 되어 가고, 너희도 성령 안에서 하나님이 거하실 처소가 되기 위하여 그리스도 예수 안에서 함께 지어져 가느니라.

_____

_____

_____

❺ 성도들이 교회 공동체 안에서 복음을 적용할 때 나타나는 열매는 무엇입니까?

골 3:12-14 그러므로 너희는 하나님이 택하사 거룩하고 사랑받는 자처럼 긍휼과 자비와 겸손과 온유와 오래 참음을 옷 입고 누가 누구에게 불만이 있거든 서로 용납하여 피차 용서하되 주께서 너희를 용서하신 것 같이 너희도 그리하고 이 모든 것 위에 사랑을 더하라. 이는 온전하게 매는 띠니라.

엡 4:15 오직 사랑 안에서 참된 것을 하여 범사에 그에게까지 자랄지라. 그는 머리니 곧 그리스도라.

_____

_____

_____

삶에 적용하는 질문

❶ "교회는 건물이 아니라 사람이다"라는 말은 무슨 뜻입니까? 교회가 무엇인지 대화하세요.

_____

_____

❷ 베드로는 "주는 그리스도시요 살아 계신 하나님의 아들이십니다"라고 고백합니다. 이 신앙고백의 의미는 무엇입니까? 예수님은 이 반석 위에 어떤 교회를 세우시겠다고 약속하십니까?

_____

_____

❸ 교회 공동체 안에서 복음으로 사는 5가지 원리는 무엇인지 설명해 보세요. 최근 교회 공동체 안에서 5가지 열매 중에서 가장 많이 성장한 것은 무엇인지 대화하세요.

❹ 공동체 안에서 삼위 하나님을 경험하고 서로가 친밀한 공동체를 이룰 때, 더욱 자라야 하는 복음의 열매는 무엇입니까? 내가 더욱 성장해야 하는 영역은 무엇인지 나누세요.

❺ 우리는 망가진 모습 그대로 그리스도의 은혜의 보좌에 나아갈 수 있습니다. 서로의 기도 제목을 나누고 함께 기도하세요.

자기 체크 리스트

복음알기

1. 마 16:18–19 예수님이 말씀하시는 교회의 권세가 무엇인지 말해 보세요.

2. 바울이 에베소서 성도들에게 가르치는 교회의 모습 3가지는 무엇인지 설명해 보세요.

3. 교회의 본질의 2가지 특징은 무엇인지 말해 보세요.

4. 교회 공동체 안에서 복음으로 사는 5가지 원리를 요약해 보세요.

5. 나는 공동체 안에서 복음의 열매를 맺고 있는지 생각해 보고, 성장하고 싶은 영역을 말해 보세요.

**복음
적용하기**

1. 교회의 소그룹 지체, 또는 가장 친한 친구에게 공동체 안에서 사는 5가지 원리를 나누세요.

2. 가족이 함께 모여서, 건강한 교회의 복음 문화(공동체의 삶)에 대해서 대화하세요.

8과

하나님의 주권을
신뢰하는 삶

🧠 생각하기

100여 년 전 한 목회자는 "두 가지 사실은 하나님은 주권자라는 사실과 인간은 책임져야 하는 피조물이라는 사실이다. 그러나 이 시대 종교 문헌 가운데 95%가 인간의 책임을 진술하고 있고 하나님의 주권을 크게 무시함으로 진리의 균형을 깨뜨리고 있다. 인간의 책임을 주장하는 것은 완벽하게 옳은 일이다. 그러나 하나님에 관해서는 어떤가? 하나님을 위해서는 어떤 권리 주장도 없지 않은가! 진리의 균형은 이미 깨어졌다"[*]고 말합니다.

오늘 이 시대의 그리스도인들은 100년 전과 다르게 하나님의 주권을 신뢰합니까? 만일 어떤 사람이 "누가 온 땅과 자연을 다스립니까? 누가 세상의 역사를 통치하십니까? 누가 인생의 형통한 날과 곤고한 날을 주관하십니까?"라고 질문한다면, 성도들은 진실로 하나님의 주권을 자랑할 수 있을지 묻고 싶습니다.

하나님의 주권은 성경에서 가장 핵심적인 주제입니다. 창조자 하나님은 "천지와 만물이 다 이루어지니라"(창 2:1)고 하셨습니다. 그러나 아담이 죄로 인하여 타락하였습니다. 이때 하나님은 "내가 여자의 후손을 통하여 뱀의 머리를 상하게 할 것이다"(창 3:15)라고 하시며 "내가……하리라"고 하십니다. 하나님은 구원 계획을 가지고 아브라함에게 언약하십니다. "내가 너로 큰 민족을 이루고 네게 복을 주어 네 이름을 창대하게 하리니 너는 복이

[*] 아더 핑크, 임원주 역, "하나님의 주권"(서울: 예루살렘, 2004), p.13-14.

될지라"(창 12:2)고 하시며 "내가…하리라"고 하십니다. 하나님의 구원을 이루기 위해 아브라함의 후손으로 오신 예수님은 "내가 이 반석 위에 내 교회를 세우리라"(마 16:18)고 말씀하십니다. 그리고 십자가에서 죽으실 때 "다 이루었다"(요 19:30)고 하십니다. 예수님은 구속의 사역을 "다 이루었습니다." 또한 계 21:6에 "이루었도다. 나는 알파와 오메가요 처음과 마지막이라"고 하십니다. 창세기부터 계시록까지 하나님은 주권자이십니다.

하나님의 주권은 모든 교회와 그리스도인들이 날마다 고백해야 하는 가장 가치 있는 진리입니다. 하나님의 자녀로 인생길을 걷는 동안, 하나님 아버지의 지혜와 사랑 안에서 주권적인 인도하심을 경험하는 것은 놀라운 기쁨입니다. 구원받은 성도들이 인생의 고난의 골짜기나 역사의 소용돌이를 지날 때 "보이지 않는 하나님의 손"을 절대 놓치지 않고 믿음의 경주를 달려가기를 소망합니다. 이 과를 통해서 하나님의 주권의 소중함을 배우며, 성도들의 책임은 무엇인지 나누고자 합니다.

주제 나누기

복음으로 새 사람이 된 우리가 평생 붙잡아야 하는 것은 "하나님의 주권을 신뢰하는 삶"입니다. 성도는 일생동안 하나님은 창조자이시고 구원자이시며, 아들의 피로 구원하신 우리를 사랑과 지혜로 다스리는 아버지이심을 알아 갑니다. 특히 성도는 인생의 수많은 고난과 아픔 속에서, 역사의 풍파 속에서 하나님의 주권을 배워 갑니다. 우리는 하나님의 주권이 무엇인지, 어떻게 하나님의 다스리심에 반응해야 하는지 살펴보겠습니다. 또한 하나님의 주권을 신뢰하는 삶은 무엇인지 나누고자 합니다.

첫째, 하나님의 주권 이해하기

하나님의 주권이란 무엇입니까? 조직 신학자 웨인 그루뎀(Wayne Grudem)이 하나님의 주권(섭리)을 정의할 때 "하나님은 지으신 모든 것들을 존재하도록 하시고 유지되도록 하시며, 그것들의 모든 활동의 원인이 되시고 그렇게 활동하도록 지시하시며, 하나님의 목적을 이루도록 인도하심으로 창조된 모든 것들과 지속적으로 관계하신다"[*]고 합니다. 다시 말하면, "하나님은 창조자로서 모든 만물을 지으시고, 그 모든 것을 방관자처럼 내버려 두시지 않습니다. 창조하신 모든 피조물과 사람을 하나님의 목적을 위하여 보존하시고 통치하신다"는 의미입니다.

　　　　하나님의 주권에 대해 성도들이 종종 오해하는 것이 있습니다. 성도들은 자신의 삶이 성공하고, 잘 되면 "하나님이 인도하셨어. 다스리셨어"라고 합니다. 그러나 인생의 좋

* 웨인 그루뎀, 노진준 역, 『조직신학(상)』(서울: 은성, 2006), p.465.

지 않은 일은 하나님의 다스림을 인정하기를 주저합니다. "하나님의 인도하심으로 우리 사업이 망했어요. 하나님의 섭리로 사고를 당해 하반신 장애자가 되었어요"라고 말하는 것을 어려워합니다. 하나님의 주권은 모든 피조물을 다스리시기에 인생의 모든 사건, 좋은 일뿐 아니라 나쁜 일까지 통치하십니다.

　　하나님의 주권이 미치는 범위는 무엇입니까? 하이델베르크 요리문답 제27문은 하나님의 섭리를 이렇게 설명합니다. "하나님의 섭리란 하나님의 전능하시며 언제나 함께하는 권능을 가리킵니다. 그 권능을 통해 마치 자기의 손으로 하시는 것처럼, 하나님은 여전히 하늘과 땅과 모든 피조물을 보존하시며 다스리십니다. 따라서 잎새와 풀, 비와 가뭄, 풍년과 흉년, 먹을 것과 마실 것, 건강과 질병, 부요와 가난 등 이 모든 것들은 우연에 의해서가 아니라, 우리의 아버지이신 하나님의 손에 의해 우리에게 주어집니다."*

　　하나님의 주권이 미치는 범위는 하늘과 땅의 모든 피조물입니다. 하나님은 해와 달, 별을 지으시고, 낮과 밤을 다스리십니다. 하나님은 작은 꽃잎과 풀잎의 식물을 지으시고 유지하십니다. 하나님은 사자와 어린양과 같은 동물의 세계를 보존하시고 다스리십니다. 예수님이 말씀하시기를 "하나님이 그 해를 악인과 선인에게 비추시며 비를 의로운 자와 불의한 자에게 내려주심이라"(마 5:45)고 하십니다. 하나님은 날씨와 비, 풍년과 가뭄을 주관하십니다. 많은 사람들이 목숨을 잃는 자연재해─화산 폭발, 지진, 태풍, 쓰나미, 전염

* 케빈 드영, 신지철 역, 『왜 우리는 하이델베르크 교리문답을 사랑하는가』(서울: 부흥과 개혁사, 2012), p.108.

병 등─도 하나님이 통치하십니다. 이 모든 것이 우연에 의한 것이 아니라 하나님의 전능하신 능력의 손길로부터 주어집니다. 출애굽기를 보십시오. 하나님은 이집트 제국을 재앙으로 심판하십니다. 하나님의 명령에 따라 우박이 내리고 어둠이 깔립니다. 하나님의 명령에 따라 개구리떼가 몰려옵니다. 하나님의 말씀으로 파리떼가 득실거리고, 메뚜기들이 순종합니다. 요나서를 보십시오. 하나님은 요나 선지자를 삼키기 위해 큰 물고기를 준비하시고(욘 1:17), 식물에게 자랄 것을 명령하시고(욘 4:6), 벌레에게 그 식물을 갉아먹어 죽게 하십니다(욘 4:7). 이처럼 하나님은 하찮은 파리, 개구리, 큰 물고기, 작은 벌레 한 마리까지 하늘과 땅의 모든 피조물들을 통치하십니다.

하나님의 주권은 자연만이 아니라, 인간의 모든 일을 다스리십니다. 하나님의 주권은 인간의 출생에서부터 시작합니다. 한 부모에게서 강건한 체질의 자식과 병약한 자식이 태어나는 이유는 무엇입니까? 우리나라의 부모 세대는 6·25 전쟁과 가난의 시대에 태어나고, 자녀 세대는 과학과 문명의 시대에 태어나는 이유는 무엇입니까? 이것은 유전과 환경으로 설명하기 어렵습니다. 제자들은 질문합니다. "이 사람이 맹인으로 난 것이 누구의 죄로 인함이니이까?"(요 9:2) 예수님은 말씀하시기를 "이 사람이나 그 부모의 죄로 인한 것이 아니라 그에게서 하나님이 하시는 일을 나타내고자 하심이라"(요 9:3)고 하십니다. 예수님은 한 사람의 육신적인 장애가 의사들의 진단처럼 유전자의 결함이나 단순한 운명이라고 하지 않습니다. 하나님이 하시는 일을 나타내고자 하나님이 주관하신다고 합니다.

하나님은 인간의 삶의 좋은 날과 나쁜 날을 다스리십니다. "형통한 날에는 기뻐하고 곤고한 날에는 되돌아 보아라. 이 두 가지를 하나님이 병행하게 하사 사람이 그의 장래 일을 능히 헤아려 알지 못하게 하셨느니라"(전 7:14). 하나님은 형통한 날이나 곤고한 날이나 인생의 모든 날을 주관하십니다. 우리에게 역경이 갑작스럽게 찾아왔을 때도 하나님이 그것을 모르시거나 놀라시지 않습니다. "나는 빛도 짓고 어둠도 창조하며, 나는 평안도 짓고 환난도 창조하나니 나는 여호와라. 이 모든 일들을 행하는 자니라"(사 45:7). 하나님은 인생의 모든 평안한 날과 환난의 날을 창조하시며, 하나님의 목적을 위하여 모든 일을 행하는 주권자이십니다.

하나님은 모든 사람들의 마음을 다스리십니다. 하나님은 모세의 마음을 감동하사 이스라엘 백성을 인도하실 뿐 아니라, 불신자 바로 왕의 마음과 신하들의 마음을 완악하게 하사 하나님 뜻대로 다스리십니다(출 9:34-35, 10:1). 스 1:1에 말하기를 "바사 왕 고레스 원년에 여호와께서 예레미야의 입을 통하여 하신 말씀을 이루게 하시려고 바사 왕 고레스의 마음을 감동시키시매 그가 온 나라에 공포도 하고 조서도 내려"라고 합니다. 하나님은 약속대로 자기 백성을 예루살렘에 회복하기 위하여 하나님을 믿지 않는 고레스 왕의 마음을 감동하여 역사를 다스리는 분입니다. 이처럼 하나님을 사랑하는 자뿐 아니라, 하나님은 불신

자인 애굽의 바로 왕과 고레스 왕의 마음도 움직이시고 다스리는 분입니다. 불신자들은 하나님의 뜻에 순종하고자 하는 마음이 아니라 단지 그들의 마음을 따라 행했지만, 그들의 마음은 하나님의 뜻대로 움직여졌습니다. 사람이 마음으로 자기의 길을 계획할지라도 그 걸음을 인도하시는 이는 여호와십니다(잠 16:9).

사람들의 고의적인 악행이나 실수도 하나님의 주권 아래 있습니다. 요셉의 형들은 요셉을 미워하였고 동생을 애굽에 노예로 팔았습니다. 하나님은 형들의 악행을 막지 않으셨습니다. 보디발의 아내가 요셉에게 억울한 누명을 씌우고 감옥에 던질 때도 하나님은 사악한 여자의 죄를 막지 않으셨습니다. 하나님은 악한 사람들의 행동들을 사용하셔서 하나님의 목적을 이루어 가십니다. 요셉은 "당신들은 나를 해하려 하였으나 하나님은 그것을 선으로 바꾸사 오늘과 같이 많은 백성의 생명을 구원하게 하시려 하셨나니"(창 50:20)라고 말하며 하나님의 보이지 않는 주권적인 인도하심을 고백합니다. 그뿐이 아닙니다. 인간들이 하나님의 아들 예수 그리스도를 십자가에 못 박아 죽이는 악행도 하나님의 주권적인 뜻대로 일어난 일입니다(행 4:27-28). 인간의 역사상 최악의 범죄 행위도 하나님의 통치권 밖에서 일어나지 않았습니다.

내과 의사가 당신의 암을 초기에 발견하지 못함으로 인해 고통스러운 병상 생활을 하고 있습니까? 직장에서 이상한 고객을 만나 큰 손해를 입게 되어서 승진의 길이 막혔습니까? 다른 운전자가 교통법규를 지키지 않은 죄로 인해 당신의 차를 박아 당신이 신체적인 고통을 당하고 있습니까? 이 모든 상황이 인간으로서는 이해할 수 없는 일이지만, 하나님의 보이지 않는 통치하시는 손길 아래 있다는 것을 알아야 합니다.

하나님은 전능하신 능력으로 하늘과 땅의 모든 피조물들을 유지하시고 다스리십니다. 구원받은 성도의 형통한 날이나 곤고한 날뿐 아니라, 불신자들의 모든 인생과 역사를 통치하십니다. 하나님은 사람들의 악행과 실수까지도 다스리십니다. 제리 브리지스는 말하기를 "세상의 모든 일들 가운데 하나님의 절대 주권 밖에서 이루어지는 일이 단 한 가지라도 있는 경우, 우리는 하나님을 믿고 의뢰할 수 없습니다"*라고 합니다. 하나님은 모든 피조물들의 행위와 일들을 모두 주장하시며 다스리십니다. 그 어떤 일도 하나님의 주권적 다스림 밖에서 일어나는 일은 아무것도 없으며, 그의 계획이나 행하는 일을 방해할 수 없습니다. 하나님은 모든 일을 그 마음의 원대로 역사하시는 분이며(엡 1:11), 그가 이루시고자 하는 계획은 그의 영광과 유익을 위해 행하십니다.

* 제리 브리지스, 『하나님을 의뢰함』(서울: 네비게이토 출판사, 2007), p.31.

둘째, 하나님의 주권에 대해 우리는 어떻게 반응합니까?

하나,
'하나님의 주권은 없다'고 주장하는 사람들이 있습니다.

오늘날 현대인들은 하나님의 주권을 거의 인정하지 않습니다. 불신자들은 모든 영역에서 하나님의 창조와 통치를 부인합니다. 이들은 "하나님이 선하시고 주권자이시면 세상에 왜 이토록 이해할 수 없는 고통과 자연재해와 아픔이 있는가?"라고 하면서 하나님의 주권을 비웃습니다. 세상 사람들은 모든 일은 그냥 일어나는 '운명'이며, '우연'이라고 주장합니다.

일반인들이 믿는 것은 자연법칙입니다. 자연법칙을 신뢰할 수 있습니까? 바람은 임의로 불기에 사람이 억제할 수 없습니다. 만일 큰 산불이 났다고 합시다. 바람을 타고 불의 방향이 임의로 바뀌어 한 동네의 집과 사람들에게 피해를 주었습니다. 자연법칙을 믿는 피해를 당한 사람들에게는 '운명'의 장난이거나 어쩌다 일어난 '우연'입니다. 세상 사람들은 지진이나 태풍, 무고하게 인명을 해치는 각종 재해들은 우연히 일어난 자연의 현상이라고 생각합니다.

둘,
하나님의 창조를 인정하지만,
'하나님의 주권은 제한적이다'라고 하는 사람들이 있습니다.

어떤 사람들은 하나님의 창조와 주권을 인정하지만, 항상 모든 일이 하나님의 주권적인 뜻대로 일어나는 것은 아니라고 생각합니다. 하나님은 선하시지만, 모든 것을 항상 다스리시지는 않는다고 주장합니다. 만일, 하나님이 어떤 몇 가지 일은 자신의 뜻과 상관없이 내버려 둔다면 그분이 하나님이십니까? 그분이 정말 전능으로 다스리는 왕입니까? 하나님의 절대 주권 밖에서 이루어지는 일이 단 한 가지라도 있다면 우리는 하나님을 믿고 신뢰할 수 있습니까? 이것은 하나님의 전능하심과 완전하심이 무너지는 것이기에 성경의 하나님이 아닙니다. 우리의 이성으로는 이해가 되지 않는다고 하나님의 주권을 제한적으로 믿으면 하나님의 전능하심과 완전성을 무시할 뿐 아니라, 하나님을 통치하시는 왕의 보좌에서 끌어내는 것입니다.

셋,
하나님의 주권은 확실합니다.

우리의 이성으로 다 이해할 수 없지만, 모든 피조물의 사소한 일에서부터 큰 일까지 하나님의 주권은 분명합니다. 예수님은 "참새 두 마리가 한 앗사리온에 팔리지 않느냐. 그러나 너희 아버지께서 허락하지 아니하시면 그 하나도 땅에 떨어지지 아니하리라. 두려워하지 말라. 너희는 많은 참새보다 귀하니라"(마 10:29-31)라고 말씀하십니다. 예수님이 말씀하신 의미는 무엇입니까? 하나님이 하찮은 참새가 팔리는 일에도 그의 주권을 행사하신다면 자녀인 우리에게는 더욱 명확히 하나님의 통치와 인도하심이 있다는 말씀입니다.

예수님은 약속하시기를 "내가 그들에게 영생을 주노니 영원히 멸망하지 아니할 것이요 또 그들을 내 손에서 빼앗을 자가 없느니라. 그들을 주신 내 아버지는 만물보다 크시매 아무도 아버지 손에서 빼앗을 수 없느니라"(요 10:28-29)고 하십니다. 예수님은 우리를 구원하러 오신 선한 목자이십니다. 예수님은 양인 우리에게 영생을 주기 위하여 목숨을 버리신 목자이십니다(요 10:10-11). 그 선한 목자의 손이 우리의 인생을 붙잡고 있기에 그 어떤 것도 우리의 영혼을 빼앗을 수 없습니다. 만물보다 크신 하나님 아버지의 손이 우리의 구원을 위해 주권적으로 행하시기에 그 어떤 것도 아버지의 계획을 취소할 수 없습니다. 존 파이퍼는 말합니다. "우리의 구원은 하나님의 주권적 손길 아래 있습니다. 하나님은 여러분이 회개하도록 허락하셨습니다(딤후 2:25). 하나님은 여러분을 그리스도께로 이끄셨습니다(요 6:44). 하나님은 여러분에게 성자를 계시하셨습니다(마 11:27). 하나님은 여러분에게 믿음이라는 선물을 주셨습니다. 구원에 있어서 하나님의 주권은 우리를 자랑하지 못하게 합니다(엡 2:8-9)."*

그러나 고난이 닥쳐올 때, 하나님을 도무지 의뢰하고 싶지 않을 때, 하나님의 주권을 믿는 것은 쉽지 않습니다. 우리는 고난의 골짜기를 통과할 때 두려움에 휩싸이고 감정의 소용돌이로 인하여 하나님의 주권을 의심하고 하나님의 선하심을 불평하기도 합니다. 그래서 하나님의 주권을 확신하는 것은 감정의 문제가 아니라, "하나님이 주권자이십니다"라는 진리를 믿는 의지입니다.**

구약의 한 성도의 고백을 보십시오. "지존자의 은밀한 곳에 거주하며 전능자의 그늘 아래에 사는 자여, 나는 여호와를 향하여 말하기를 그는 나의 피난처요 나의 요새요, 내가 의뢰하는 하나님이라"(시 91:1-2). 이 성도는 "나는 전능한 통치자의 그늘 아래 사는 자녀다. 하나님은 나의 피난처요, 나의 요새요, 내가 오늘도 의뢰하는 하나님이다"라고 말합니다. 이렇게 외치는 시편 기자의 상황은 어떻습니까? "너는 밤에 찾아오는 공포와 낮에 날아드는 화살과 어두울 때 퍼지는 전염병과 밝을 때 닥쳐오는 재앙을 두려워하지 아니하리로다.

* 존 파이퍼, 오현미 역, 『독트린 매터스』(서울: 복 있는 사람, 2014), p.112.
** 제리 브리지스, 앞의 책, p.48.

천 명이 네 왼쪽에서, 만 명이 네 오른쪽에서 엎드러지나 이 재앙이 네게 가까이 하지 못하리로다"(시 91:5-7). 구약 성도의 삶은 사방이 고통입니다. 그의 상황은 밤에 찾아오는 공포가 있고, 낮에 날아드는 화살이 있습니다. 전염병과 재앙이 있고, 셀 수 없는 사람들이 공격하고 있습니다. 그는 이 끔찍한 상황 속에서 감정에 휩쓸리지 않고 다시 외칩니다. "네가 말하기를 여호와는 나의 피난처시라 하고 지존자를 너의 거처로 삼았으므로 화가 네게 미치지 못하며 재앙이 네 장막에 가까이 오지 못하리니"(시 91:9-10) 구약 성도의 이 고백처럼 성도의 삶은 하나님의 주권을 신뢰하는 삶입니다. 인생의 사망의 골짜기 속에서 밀려오는 감정에 휩쓸리지 않고 "하나님이 주권자이십니다"라는 진리를 의지적으로 믿고 선택해야 합니다.

셋째, 하나님의 주권을 신뢰하는 삶

인생에서 가장 확실한 진리는 하나님이 복음으로 구원하신 자녀들을 가장 탁월한 지혜와 사랑 안에서 하나님의 목적을 이루기 위해 '항상 예외 없이' 돌보신다는 것입니다. 하나님이 주권자라는 진리를 확실히 아는 성도는 어떻게 살아갑니까?

하나님이 주권적으로 일하시니, 우리도 함께 일합니다.

하나님이 우리를 '항상 예외 없이' 주권적으로 돌보시기에, 우리는 아무 책임이 없다는 말이 아닙니다. 우리 편에서의 역할은 우리도 온 힘을 다해 행해야 합니다(시 127:1). 우리도 "항상 복종하여 두렵고 떨림으로"(빌 2:12) 우리 구원을 이루는 일에 참여해야 합니다.

먼저 생각해야 할 것이 있습니다. 성도들의 삶에서 자신의 죄의 책임, 잘못된 선택의 책임을 하나님의 주권으로 떠넘기거나 변명하지 말아야 합니다. 학생이 시험에 낙방한 후에 "하나님의 뜻이야! 하나님의 섭리 아래 있으니 괜찮아"라고 하며 자신의 게으름의 죄를 변명해서는 안 됩니다. 직장인이 자신의 잘못된 행동으로 회사에서 해고당한 후에 "하나님 뜻이야. 어쩔 수 없었어"라고 하며 하나님의 주권 때문이라고 핑계를 대서는 안 됩니다.

하나님은 결코 사람들에게 죄를 짓게 하는 분이 아닙니다. 야고보 사도는 "사람이 시험을 받을 때에 내가 하나님께 시험을 받는다 하지 말지니 하나님은 악에게 시험을 받지도 아니하시고 친히 아무도 시험하지 아니하시느니라. 오직 각 사람이 시험을 받는 것은 자기 욕심에 끌려 미혹됨이니"(약 1:13-14)라고 말합니다. 하나님은 사람의 악행에도 불구하고 자신의 선한 목적을 이루시지만, 사람에게 죄를 짓게 하시지 않습니다. 요셉의 형들이 동생을 노예로 판 죄는 하나님의 주권 아래 일어났고 하나님의 목적을 이루었지만 그 악한 행위의 책임은 자신들에게 있습니다(창 50:20). 빌라도가 예수님을 십자가에 못 박은 죄는 하나님의 주권 아래 일어났지만 그 죄에 대한 책임은 빌라도가 져야 합니다(행 4:27-28).

우리는 하나님의 주권을 신뢰하면서 우리도 자기의 책임을 다해야 합니다. 예를 들겠습니다. 농부가 할 수 있는 일은 무엇입니까? 농부는 씨를 뿌리고 심는 일을 할 수 있습니다. 농부는 밭을 갈고, 물을 주고, 비료를 주는 일을 해야 합니다. 농부는 나쁜 풀을 뽑아 주어야 하며, 수확하는 일을 합니다. 농부는 자신의 모든 기술과 경험을 바탕으로 모든 일에 책임을 다해야 합니다. 그러나 농부가 할 수 없는 일이 있습니다. 농부는 적당한 햇빛과 비를 주는 일을 하지 못합니다. 농부는 식물을 자라게 하는 일을 할 수 없습니다. 이것은 오직 하나님만이 하시는 일입니다. 농부는 자신이 할 수 있는 일에 하나님을 의지하면서 100% 최선을 다해야 하고, 자신이 할 수 없는 영역에는 오직 하나님만 100% 의뢰해야 합니다. 하나님을 믿지 않는 농부는 어떻습니까? 그는 자신이 마땅히 해야 하는 것에 최선을 다해 일할 것입니다. 그는 농사를 위해 날씨를 주관하시고 곡식을 자라게 하시는 것은 하나님이 하시는 일이 아니라, 자연의 법칙이라고 생각합니다. 그는 농사가 성공하면 자신이 한 일 때문이라고 생각하고 하나님께 감사가 없습니다. 만일 홍수로 인하여 농사를 망치면 어쩔 수 없는 자연법칙으로 인한 운명이거나 우연이라고 생각합니다. 우리는 하나님의 주권을 믿는 자녀로서 하나님이 '항상 예외 없이' 우리의 모든 삶을 돌보신다는 확신을 가지고 모든 과정 중에 최선을 다해야 합니다.

둘,
하나님의 주권과 인간의 역할을 분별해야 합니다.

폴 트립은 세 종류의 사람들이 있다고 합니다. 첫째, 하나님이 주신 책임이 무엇인지 모르는 사람들입니다. 둘째, 지나친 책임감을 가진 사람들입니다. 이들은 하나님의 책임까지 혼자 다 맡아서 자기가 모든 일을 하려고 하다가 큰 짐을 지고 힘들어하는 사람들입니다. 셋째, 책임을 혼동하는 사람들입니다. 이들은 하나님이 주신 자기 책임과 하나님께 맡겨야 하는 것을 혼동하는 사람들입니다. 폴 트립은 말하기를 "많은 사람들이 여기에 속하는데, 그들은 하나님만이 하실 수 있는 일들을 행하려고 하는 작은 메시아로서 살아간다. 그리고 어떤 때는 하나님이 분명히 자신에게 맡기신 책임을 회피하고 오히려 하나님께 맡긴다"*고 합니다.

　　여기 한 남자가 있습니다. 하나님은 이 남자가 가정과 직장, 그리고 교회와 세상에서 살아가게 하셨습니다. 하나님은 이 남자를 복음으로 구원하셨기에, 어디에서 무엇을 하

* 폴 트립, 황규명 역, 『치유와 회복의 동반자』(서울: 디모데, 2007), p.361.

든지 평생 동안 동행하시고, 은혜를 주시고 만남과 사건 속에서 구원을 이루어 가십니다. 이 남자는 모든 영역에서 하나님이 자신에게 맡기신 역할에 하나님을 의지하면서 최선을 다해야 합니다. 또한 이 남자는 자신이 할 수 없는 일에 있어서는 하나님의 주권을 신뢰하고 하나님께 맡겨야 합니다. 이 남자는 가정에서 인도하고 공급하고 보호하며, 사랑하는 모든 역할에 최선을 다해야 합니다. 아버지로서 자녀들을 돌볼 때, 온유와 사랑으로 복음의 본이 되는 일에 최선을 다해야 합니다. 그러나 이 남자의 어떤 능력으로도 배우자나 자녀의 마음을 변화시킬 수 없기에 오직 하나님을 의지해야 합니다. 만일 하나님만이 하실 수 있는 일까지 자기 힘으로 하려다가 분노하고 위협하면 고통을 당합니다. 또 다른 위험은 하나님을 신뢰한다고 하면서 자기 책임을 회피하는 것입니다. 남편의 역할은 하지 않고 일과 취미로 시간을 보내면서 배우자가 변하지 않는다고 불평하고, 하나님의 돌보심을 의지한다고 하면 위험합니다.

하나님의 사랑과 지혜로운 돌보심을 신뢰하는 자녀로서 두 개의 책임의 원을 항상 분별해야 합니다. 하나의 원은 자신의 책임입니다. 하나님이 우리에게 맡겨 주신 책임(역할)이 무엇인지 이해하고 순종해야 합니다. 또 다른 원은 하나님만이 하실 수 있는, 하나님이 책임지시는 영역입니다. 이것은 나의 능력을 벗어난 것이기에 우리는 하나님의 주권을 신뢰하고 하나님께 맡겨야 합니다. 우리는 하나님의 주권과 우리의 역할이라는 이 두 개의 원을 이해해 가면서 성장해 갑니다.*

　　교회 공동체 안에서도 우리는 하나님의 주권과 우리의 역할이 무엇인지를 이해해 가면서 서로 섬기며 함께 성장해 갑니다. 공동체 안에서 우리는 서로의 삶의 아픔과 고통을 나누고 하나님께 기도할 수 있습니다. 지체들에게 복음의 정체성과 하나님이 행하신 일과 성령의 일하심을 말할 수 있습니다. 그리고 하나님의 자녀로서의 책임, 남편과 아내, 부모로서의 역할, 직장인으로서의 역할이 무엇인지 서로에게 사랑 안에서 진리를 말할 수 있습니다. 그러나 각 사람을 변화시키고 자라게 하는 일은 우리가 할 수 없기에 오직 하나님을 의지하고 맡겨야 합니다. 이처럼 교회 공동체도 하나님의 주권과 우리의 역할을 분별해 가며 하나님이 우리 삶에 어떻게 사랑과 지혜로 '항상 예외 없이' 돌보시는지를 함께 경험하게 됩니다.

　　"호흡이 있는 자마다 여호와를 찬양할지어다. 할렐루야"(시 150:6). 시편의 마지막 고백은 우리의 고백입니다. 우리는 하나님이 행하신 복음의 능력을 알기에 찬양합니다. 하나님이 창조하신 모든 피조물뿐 아니라, 아들의 피로 구원하신 자녀들을 사랑과 지혜로 '항상 예외 없이' 돌보시고 주권적인 능력으로 행하시기에, "이 생명의 호흡을 가진 자로서 하나님을 영원히 찬양합니다. 할렐루야!"

* 폴 트립, 앞의 책, p361-368.

하나님의 구원의 은혜와 주권을 찬양하는 한 성도가 있습니다. 바울입니다. 바울은 감옥에서도 하나님이 그리스도 안에서 자신과 성도들에게 주신 하늘에 속한 모든 신령한 복을 찬양하고 있습니다. 삼위 하나님이 주권적으로 행하신 구원의 은혜가 무엇인지 확인합니다.

 ## 복음의 진리를 마음에 새기는 말씀

❶ 바울은 감옥에 있습니다. 바울이 감옥 안에서 하나님을 찬양하는 내용은 무엇입니까?

엡 1:3 찬송하리로다. 하나님 곧 우리 주 예수 그리스도의 아버지께서 그리스도 안에서 하늘에 속한 모든 신령한 복을 우리에게 주시되

_____

_____

❷ 바울은 성부 하나님이 그리스도 안에서 베풀어 주신 구원의 복을 찬양합니다. 그 복은 무엇입니까?

엡 1:4-6 곧 창세전에 그리스도 안에서 우리를 택하사 우리로 사랑 안에서 그 앞에 거룩하고 흠이 없게 하시려고 그 기쁘신 뜻대로 우리를 예정하사 예수 그리스도로 말미암아 자기의 아들들이 되게 하셨으니 이는 그가 사랑하시는 자 안에서 우리에게 거저 주시는 바 그의 은혜의 영광을 찬송하게 하려는 것이라.

_____

_____

❸ 바울은 성자 예수님이 베풀어 주신 구원의 복을 찬양합니다. 그 복은 무엇입니까?

엡 1:7-9,12 우리는 그리스도 안에서 그의 은혜의 풍성함을 따라 그의 피로 말미암아 속량 곧 죄 사함을 받았느니라. 이는 그가 모든 지혜와 총명을 우리에게 넘치게 하사 그 뜻의 비밀을 우리에게 알리신 것이요……이는 우리가 그리스도 안에서 전부터 바라던 그의 영광의 찬송이 되게 하려 하심이라.

_____

_____

_____

❹ 바울은 성령 하나님이 구원을 위하여 행하시는 복을 찬양합니다. 그 복은 무엇입니까?

엡 1:13-14 그 안에서 너희도 진리의 말씀 곧 너희의 구원의 복음을 듣고 그 안에서 또한 믿어 약속의 성령으로 인치심을 받았으니 이는 우리 기업의 보증이 되사 그 얻으신 것을 속량하시고 그의 영광을 찬송하게 하려 하심이라.

_____

_____

_____

❺ 하나님이 우리의 구원을 위하여 주권적으로 어떻게 일하십니까? 우리는 어떻게 참여합니까?

요 10:28-30 내가 그들에게 영생을 주노니 영원히 멸망하지 아니할 것이요 또 그들을 내 손에서 빼앗을 자가 없느니라. 그들을 주신 내 아버지는 만물보다 크시매 아무도 아버지 손에서 빼앗을 수 없느니라. 나와 아버지는 하나이니라.

딛 2:11-14 모든 사람에게 구원을 주시는 하나님의 은혜가 나타나 우리를 양육하시되 경건하지 않은 것과 이 세상 정욕을 다 버리고 신중함과 의로움과 경건함으로 이 세상에 살고 복스러운 소망과 우리의 크신 하나님 구주 예수 그리스도의 영광이 나타나심을 기다리게 하셨으니 그가 우리를 대신하여 자신을 주심은 모든 불법에서 우리를 속량하시고 우리를 깨끗하게 하사 선한 일을 열심히 하는 자기 백성이 되게 하려 하심이라.

_____

_____

_____

_____

_____

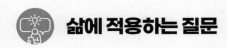 **삶에 적용하는 질문**

❶ 내가 예수님을 인격적으로 만날 때의 이야기를 간단히 나누세요. 하나님의 은혜는 나를
어떻게 변화시켰는지 대화하세요.

_____

_____

_____

❷ 하나님의 주권을 신뢰하는 삶을 공부하면서 새롭게 알게 된 것은 무엇입니까? 나의 삶
에 기쁨과 유익을 주는 것은 무엇입니까?

_____

_____

_____

❸ 가정에서 부모로서 살아갈 때 내가 해야 하는 책임(역할)은 무엇입니까? 하나님의 주권에 맡겨야 하는 것은 무엇인지 대화하세요.

_____

_____

_____

_____

❹ 직장에서 그리스도인으로 살아갈 때 나의 역할은 무엇이고, 하나님을 의뢰해야 하는 것은 무엇입니까? 복음 전도자로 살아갈 때 내가 할 수 있는 책임은 무엇이고, 하나님의 주권을 의지해야 하는 것은 무엇입니까?

_____

_____

_____

_____

❺ 두 사람이 함께 그리스도의 은혜의 보좌에 나아가 기도하세요. 최근 가정과 삶에 밀려
오는 고난은 무엇입니까? 우리의 역할을 최선을 다해 행할 수 있도록, 하나님께서 사랑
과 지혜로 돌보시기를 간구하세요.

복음알기

1. 요 10:28–30 말씀을 나누세요. 선한 목자이신 예수님의 견고한 말씀은 무엇입니까?

2. 하나님의 주권이 미치는 범위는 무엇인지 말해 보세요.

3. 하나님의 주권에 대해 3가지 반응은 무엇인지 말해 보세요.

4. 직업이 농부라면 하나님의 주권을 신뢰하는 삶은 무엇인지 대화하세요.

5. 하나님의 주권을 신뢰하는 삶을 살 때 두 개의 책임의 원에 대해서 대화하세요.

**복음
적용하기**

1. 부모로서 해야 하는 책임과 하나님의 주권을 신뢰하는 것이 무엇인지 부부가 대화하세요.

2. 교회에서 가까운 가정과 함께 하나님의 주권과 인간의 책임에 대해서 토론해 보세요.

부록

모범 해설서

예수님과 니고데모의 만남입니다. 니고데모는 유대 사회에서 성공한 사람입니다. 예수님은 니고데모가 거듭나지 않으면 하나님 나라에 들어갈 수 없다고 하십니다. 그 이유는 무엇입니까? 예수님은 어떻게 하나님의 나라에 들어갈 수 있다고 하십니까? 롬 3:23-24의 복음의 핵심과 연결해서 묵상하면 큰 기쁨이 있습니다.

1과
오직 유일한 복음

 ## 복음의 진리를 마음에 새기는 말씀

❶ 니고데모가 예수를 찾아왔습니다. 니고데모는 유대 사회에서 어떤 사람입니까?

요 3:1 바리새인 중에 니고데모라 하는 사람이 있으니 유대인의 지도자라.

니고데모는 유대 사회에서 성공한 지도자입니다. 그는 이스라엘에서 6000여 명의 바리새인 종교 지도자들 중에 한 명이며, 70명의 산헤드린 공의회 회원 중의 한 사람이고 탁월한 율법 교사이자 사회에서 존경받는 지도자 였습니다. 그는 밤에 갈릴리 청년 예수를 찾아왔습니다.

❷ 예수님은 니고데모에게 하나님 나라에 들어가려면 어떻게 해야 한다고 하십니까?

요 3:5 예수께서 대답하시되 진실로 진실로 네게 이르노니 사람이 물과 성령으로 나지 아니하면 하나님의 나라에 들어갈 수 없느니라.

예수님은 니고데모에게 "사람이 거듭나지 않으면 하나님 나라에 들어갈 수 없다"고 하십니다. 이것은 심각한 말입니다. 이 말은 "니고데모 선생, 당신은 이스라엘에서 성공한 사람이지만 거듭나지 않으면 하나님 나라에 들어갈 수 없습니다. 당신이 쌓은 지식, 명예, 종교 행위는 하나님 나라에 들어가는 데 도움이 되지 않습니다. 당신은 물과 성령으로 다시 태어나야 하나님 나라에 들어갈 수 있습니다"라는 의미입니다.

❸ 하나님 나라에 들어가기 위해 물과 성령으로 나야 한다는 말은 무슨 뜻입니까? 말씀을 읽고 대화하세요.

겔 36:25-27 맑은 물을 너희에게 뿌려서 너희로 정결하게 하되 곧 너희 모든 더러운 것에서와 모든 우상 숭배에서 너희를 정결하게 할 것이며, 또 새 영을 너희 속에 두고 새 마음을 너희에게 주되 너희 육신에서 굳은 마음을 제거하고 부드러운 마음을 줄 것이며, 또 내 영을 너희 속에 두어 너희로 내 율례를 행하게 하리니 너희가 내 규례를 지켜 행할지라.

예수님이 말씀하신 "물과 성령으로 거듭난다"는 의미는 에스겔서에서 알 수 있습니다. 에스겔은 약속하신 메시아가 오면 두 가지 약속이 있다고 합니다. 첫째, 맑은 물을 뿌려서 너희를 정결하게 한다고 합니다. 이 물의 의미는 죄의 문제를 완전히 씻겨 주신다는 뜻입니다. 예수님은 니고데모가 하나님 나라에 들어가려면 죄의 문제를 해결해야 한다고 말씀하십니다. 아무리 땅의 재물과 권세를 쌓아도 죄의 문제를 해결하지 않으면 하나님의 진노를 피할 수 없습니다. 둘째, 새 영을 주신다고 합니다. 새 영은 성령의 임재입니다. 성령이 오셔서 새 마음을 주실 때 부드러운 마음으로 하나님의 말씀을 지키게 됩니다. 하나님 나라에 들어가는 거듭남은 죄의 씻음과 성령이 주시는 새 생명의 역사입니다.

❹ 니고데모는 땅에서 성공한 사람이지만 그가 이룬 것으로는 하나님 나라에 들어갈 수 없습니다. 예수님은 어떻게 하나님의 구원의 일을 한다고 하십니까? 니고데모가 구원을 받기 위해

필요한 것은 무엇입니까?

요 3:14-16 모세가 광야에서 뱀을 든 것 같이 인자도 들려야 하리니 이는 그를 믿는 자마다 영생을 얻게 하려 하심이니라. 하나님이 세상을 이처럼 사랑하사 독생자를 주셨으니 이는 그를 믿는 자마다 멸망하지 않고 영생을 얻게 하려 하심이라.

니고데모는 사회에서 성공한 사람이지만, 죄의 문제를 해결하지 못하였기에 의로우신 하나님의 나라에 들어갈 수 없습니다. 예수님은 니고데모에게 땅의 일이 아니라, 하늘의 구원의 일을 말씀하십니다(요 3:12). "니고데모야, 네가 쌓은 노력과 선한 일로는 하나님 나라에 들어올 수 없지만, 네 앞에 있는 하늘에서 내려온 인자를 믿으라"(요 3:13)고 하십니다. "모세가 광야에서 뱀을 든 것같이 인자가 십자가에 들려 죽으리라. 그를 믿으면 영생을 얻게 되리라"(요 3:14-15). 다시 말하면, "하늘로부터 내려온 하나님의 아들, 인자가 십자가에서 죽어 너희가 받아야 하는 죄의 저주를 내가 받으면 너희의 죄의 문제가 해결되고, 영원한 생명을 얻고 하나님 나라에 들어오리라"는 말입니다. 그리고 가장 놀라운 말씀 "하나님이 세상을 이처럼 사랑하사 독생자를 주셨으니 이는 그를 믿는 자마다 멸망하지 않고 영생을 얻게 하려 하심이라"(요 3:16)고 하십니다. 니고데모가 하나님 나라에 들어가는 길은 예수님을 믿는 것입니다.

❺ 불의한 죄인인 우리가 어떻게 하나님 앞에 설 수 있습니까? 하나님이 하신 일은 무엇입니까? 우리가 해야 할 일은 무엇입니까?

불의한 죄인이 하나님 앞에 서기 위해서는 죄와 의의 문제를 해결해야 합니다. 단지 니고데모처럼 땅에서 지식과 종교 행위와 명예를 쌓은 것으로 하나님 앞에 설 수 없습니다. 하나님은 우리를 사랑하사 하늘에 계신 아들, 독생자를 보내셨습니다. 하나님의 아들은 십자가에서 우리의 죄의 진노와 심판을 받아 죽으셨습니다. 우리가 해야 할 일은 하나님이 그리스도를 통하여 이루신 일을 믿는 것입니다. 우리는 그리스도를 믿음으로, 죄의 문제를 해결하고 의롭게 된 자녀로 하나님 앞에 설 수 있습니다.

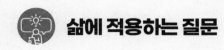 **삶에 적용하는 질문**

❶ 당신은 과거에 복음이 무엇이라고 생각하고 있었는지 말해 보세요. 이 주제를 통해서 복음이 무엇인지 새롭게 알게 된 것은 무엇입니까?

복음은 단지 죄 사함만 받는 것이 아닙니다. 죄 용서의 복음은 반쪽 진리입니다. 복음은 죄인인 우리를 의롭게 합니다. 이 과정을 통하여 복음에 대해서 새롭게 깨달은 것을 나누세요.

❷ 오직 유일한 복음! 핵심 정리를 해 봅시다. 인간의 두 가지 문제는 무엇입니까? 죄인인 인간이 의로우신 하나님 앞에 어떻게 설 수 있는지, 예수 그리스도께서 이루신 일을 자신의 말로 설명해 주세요.

인간의 가장 나쁜 소식은 암에 걸렸다거나 사업이 망했다가 아닙니다. 한 사람도 하나님의 영광, 그 나라에 설 수 없다는 것이 가장 나쁜 소식입니다. 인간의 가장 나쁜 소식, 두 가지 문제는 다음과 같습니다.

① 모든 사람이 죄인이다.

② 모든 사람이 의롭지 않다.

이 불의한 죄인이 하나님 앞에 서기 위해서는 죄와 의의 문제를 해결해야 합니다. 하나님은 예수 그리스도의 완전한 삶과 십자가의 죽음으로 이 두 가지 문제를 해결하셨습니다. 우리는 그리스도를 믿음으로 의로우신 하나님 앞에 설 수 있습니다.

❸ 여기 한 권의 책이 있습니다. 이 책을 사용하여, 다른 사람에게 복음을 간단하게 설명하세요.

여기 한 권의 책이 있습니다. 이것은 우리 전 인생의 모든 사건들이 하나하나 기록된 장부입니다. 이 책에는 우리의 태어날 때부터 죽을 때까지 나의 모든 생각, 말, 행동, 동기까지 다 기록되어 있습니다. 이것은 나의 죄들이 기록된 장부입니다. 우리는 죄 있는 자입니다. 누구도 하나님 앞에 설 수 없는 망가진 죄인입니다. 예수님이 십자가에서 이 모든 죗값을, 모든 진노와 형벌을 대신 받으시고 이 책의 모든 죄의 기록을 다 지워 주셨습니다. 우리의 죄의 장부는 깨끗하게 되었습니다. 그러나 텅 빈 장부만으로는 충분하지 않습니다. 우리는 여전히 의롭지 않기에, 누구도 하나님 앞에 설 수 없습니다. 그런데 하나님은 그리스도의 완전한 의를 우리에게 옮기셨습니다. 그리스도께서 33년 동안 사신 완전한 순종과 의의 기록들을 우리 책에 다시 기록하셨습니다. 우리는 그리스도의 순종과 의로 가득찬 장부, 책을 가지고 하나님 앞에 나아갑니다. 이것이 복음입니다. 하나님이 예수 그리스도를 통하여 이루신 구원의 사역을 믿는 자에게 값없이 의롭다 하십니다.

❹ 최근에 이 복음을 깨닫게 되어 누린 자유와 기쁨을 나누세요. 나의 결혼 생활, 자녀 양육에서 "하나님이 죄인인 나를 용서하셨다. 나를 의롭게 하셨다"는 복음을 선포하며 자신이 누린 유익이 있다면 나누세요.

가정이 자녀 양육이나 결혼생활에서 죄로 인하여 신음할 때, 이 복음으로 인하여 용서받은 기쁨과 의롭게 된 감격을 경험한 적이 있다면 나누세요. 결혼은 끊임없는 갈등과 상처를 주는 말이 오고 가는 현장이며, 남편과 아내가 죄인이라는 사실이 날마다 나타나는 현장입니다. 이 결혼 안에서 당신은 얼마나 자주 죄인인 나를 의롭게 하시는 복음을 선포합니까? 돌아보세요. 자녀 양육은 부모와 자녀가 서로의 죄로 인하여 아픔과 고통이 반복되는 현장입니다. 당신은 자녀 양육의 과정에서 죄책감과 분노로 신음하지 않습니까? 복음을 적용하는 사람은 가정에서 자신이 죄인임을 고백하는 부모입니다. 복음은 이 모든 상황 속에서 우리를 의롭다 하시고, 용서하는 능력이기 때문입니다. 우리는 이 복음을 가정과 결혼에서 날마다 선포해야 합니다. 존 파이퍼는 롬 3:23-24의 진리가 인생의 수백 가지 환난에 서 우리를 보호한다고 말합니다. 그리스도인으로 살아가는 현장에서 복음을 대충 붙잡다가 위험한 골짜기에 빠지지 말아야 합니다. 이 놀라운 유일한 복음을 날마다 꽉 붙잡는 그리스도인이 되어야 합니다.

❺ 예수님은 우리의 하늘에 계신 중보자이십니다. 우리의 기도를 들으십니다. 최근 자신과 가정의 기도 제목을 나누세요. 서로를 위하여 함께 기도하세요.

서로 기도하는 것은 중요한 복음 사역입니다. 오늘도 하늘에 계신 그리스도가 우리 삶의 통치자가 되십니다. 서로의 기도제목을 나누고, 하늘에 계신 그리스도 앞에 함께 기도하세요.

예수님이 구원 사역을 완성하시고, 약속대로 성령을 믿는 자에게 보내셨습니다. 성도는 성령과 동행하며 살아가는 특별한 존재들입니다. 바울의 고백을 통해 그리스도인이 인생에서 붙잡아야 하는 그리스도의 의와 성령의 능력은 무엇인지 배웁니다.

2과
복음의 두 기둥을 의지하라

 복음의 진리를 마음에 새기는 말씀

❶ 예수님은 제자들에게 누구를 보내신다고 말씀하셨습니까?

요 14:16–18 내가 아버지께 구하겠으니 그가 또 다른 보혜사를 너희에게 주사 영원토록 너희와 함께 있게 하리니 그는 진리의 영이라. 세상은 능히 그를 받지 못하나니 이는 그를 보지도 못하고 알지도 못함이라. 그러나 너희는 그를 아나니 그는 너희와 함께 거하심이요 또 너희 속에 계시겠음이라. 내가 너희를 고아와 같이 버려두지 아니하고 너희에게로 오리라.

예수님이 십자가에서 죽기 전에 성령 하나님을 보내신다고 약속하십니다. 예수님은 "내가 떠나가는 것이 너희에게 유익이라. 떠나가서 내가 아버지께 구하면 보혜사를 너희에게 보낼 것이고 영원히 너희와 함께 있을 것이다"(요 16:7)라고 하십니다. 즉, 예수님이 십자가에서 죽으심으로 우리의 죄와 죽음의 문제를 해결해야 성령이 오실 수 있습니다.

❷ 예수님이 부활하시고 승천하신 후, 오순절 날 예수님의 약속대로 복음을 믿는 모든 자에게 성

령 하나님이 오셨습니다. 베드로는 이것을 어떻게 말하고 있습니까?

행 2:32 - 33 이 예수를 하나님이 살리신지라. 우리가 다 이 일에 증인이로다. 하나님이 오른손으로 예수를 높이시매 그가 약속하신 성령을 아버지께 받아서 너희가 보고 듣는 이것을 부어 주셨느니라.

성령은 갑자기 뚝 떨어지듯 하늘에서 오신 분이 아닙니다. 구약에서 하나님은 수많은 선지자들을 통해서 "내 영"을 보내겠다고 약속하셨습니다(겔 36:26-27). 성령이 약속대로 오시기 위해 그리스도가 이 땅에 오셔야 했고, 구원 사역을 완성하셔야 했습니다. 예수님의 십자가의 죽으심과 부활로 인간의 죄의 문제, 의의 문제를 해결하시고 약속대로 성령님이 오셨습니다. 베드로는 오순절 날, 성령 하나님이 각 사람에게 임한 사건을 보고 말합니다. "하나님이 오른손으로 예수를 높이시매 그가 약속하신 성령을 아버지께 받아서 너희가 보고 듣는 이것을 부어 주셨느니라." 예수님이 승천하시고 하늘 보좌에 올라가셔서 "약속하신 성령을 아버지께 구하고, 받아서 보내주신 것"입니다.

❸ 바울은 로마 성도들에게 성령 하나님이 함께하심을 어떻게 말하고 있습니까?

롬 8:15-17 너희는 다시 무서워하는 종의 영을 받지 아니하고 양자의 영을 받았으므로 우리가 아빠 아버지라고 부르짖느니라. 성령이 친히 우리의 영과 더불어 우리가 하나님의 자녀인 것을 증언하시나니 자녀이면 또한 상속자 곧 하나님의 상속이요 그리스도와 함께한 상속자니 우리가 그와 함께 영광을 받기 위하여 고난도 함께 받아야 할 것이니라.

그리스도인은 세상에서 가장 놀라운 새로운 종족(새사람)입니다. 성도는 혼자 사는 자들이 아니라, 성령 하나님과 함께 사는 사람들입니다. 세상 사람들과 그리스도인의 가장 큰 차이는 단지 교회에 출석한다, 성경책을 읽는다 정도가 아닙니다. 세상 사람들은 자기 힘과 자기 능력을 믿고 살지만, 그리스도인은 내주하시는 성령과 함께 사는 자 입니다. 성도는 하늘의 아버지를 "아버지"라고 부르는 자녀들이고, 그리스도와 함께 영원한 천국의 상속자들입니다.

❹ 행 26:17-18은 바울이 아그립바 왕과 세상의 권세자들 앞에서 간증하는 장면입니다. 바울이 그리스도를 통하여 얻은 5가지 자랑은 무엇인지 찾아보세요.

행 26:17-18 이스라엘과 이방인들에게서 내가 너를 구원하여 그들에게 보내어 그 눈을 뜨게 하여 어둠에서 빛으로, 사탄의 권세에서 하나님께로 돌아오게 하고 죄 사함과 나를 믿어 거룩하게 된 무리 가운데서 기업을 얻게 하리라 하더이다.

바울은 세상에서 성공한 아그립바 왕과 고관들 앞에서 쇠사슬에 매인 죄인의 신분임에도 복음으로 주신 놀라운 선물을 자랑합니다. 세상의 힘과 권력으로는 이 복음으로 주신 선물들을 살 수 없기 때문입니다. 복음으로 주신 5가지 선물은 무엇입니까?

① 죄로 인하여 어둠에 있었는데, 이제 예수님을 만남으로 빛으로 옮겨졌습니다.

② 사탄의 권세 아래 종노릇 했었는데, 이제 하나님의 자녀로 돌아왔습니다.

③ 죄와 진노의 심판 아래 있었는데, 이제 십자가로 모든 죄를 사함 받고 완전히 용서받았습니다.

④ 주를 믿음으로 완전히 거룩하게 된 무리들, 의롭게 된 교회 공동체 안으로 들어왔습니다.

⑤ 땅의 썩어질 물질과 명예가 아니라 하늘의 기업, 천국을 상속받게 되었습니다.

❺ 바울은 다메섹에서 예수를 만나기 전에 '내게 유익하던 것'과 '그리스도의 의'를 비교합니다.

(1) 바울이 과거에 유익하게 여기던 것(자랑 리스트)은 무엇입니까? 바울은 유익하던 것과 그리스도의 의를 비교하고 무엇이라고 합니까? 이렇게 말하는 이유가 무엇인지 대화하세요.

빌 3:5-8 나는 팔일 만에 할례를 받고 이스라엘 족속이요 베냐민 지파요 히브리인 중의 히브리인이요 율법으로는 바리새인이요 열심으로는 교회를 박해하고 율법의 의로는 흠이 없는 자라. 그러나 무엇이든지 내게 유익하던 것을 내가 그리스도를 위하여 다 해로 여길뿐더러, 또한 모든 것을 해로 여김은 내 주 그리스도 예수를 아는 지식이 가장 고상하기 때문이라.

바울이 과거에 유익하게 여기던 자랑리스트들은,

① 이스라엘 족속인 것

② 왕족 베냐민 출신인 것

③ 8일 만에 할례를 받은 것

④ 히브리인 중에 히브리인

⑤ 율법을 지키는 바리새인인 것

⑥ 열심으로는 교회를 핍박하는 자인 것

⑦ 도덕의 기준으로는 흠이 없는 것입니다.

바울은 과거에 유익하던 성공목록을 나열합니다. 바울은 땅의 유익한 성공목록으로는 하나님 나라에 설 수 없음을 알고 이 모든 것을 해로 여기고 오직 그리스도의 의를 의지합니다.

(2) 나의 인생에서 힘과 노력으로 이룬 유익한 것(성공의 목록)은 무엇인지 적어 보세요. 이것은 소중하고 가치 있습니다. 이 유익한 것과 그리스도의 의를 비교해 보세요.

우리의 인생에 땅에서 쌓은 성공목록은 무엇입니까? 우리의 성공목록은 유명한 대학을 졸업했고 통장에 재물을 많이 모았으며, 지역 사회에 구제와 봉사를 많이 했다는 것과 비슷합니다. 이 성공목록은 우리에게 유익하고 소중합니다. 인간적으로 자신의 노력과 힘을 다해 쌓은 것이기에 박수받아야 하고 가치가 있습니다. 바울은 세상의 가치 없는 것과 그리스도의 의를 비교한 것이 아니라, 세상에서 가치 있는 성공목록과 그리스도의 의를 비교합니다.

그런데 왜 바울은 이 모든 유익한 것을 배설물로 여깁니까? 바울의 가치 전환은 다메섹에서 부활하신 주님과의 만남 때문입니다. 이때 자신이 쌓은 땅의 성공목록은 영원한 빛이신 그리스도와 비교할 때 촛불에 불과하다는 사실을 알게 됩니다. 이 촛불(땅의 성공목록)로는 그리스도의 복음으로 주시는 5가지 선물(행 26:17-18)을 하나도 얻을 수 없다는 사실을 알았기 때문에 바울은 이것을 해롭다고 합니다. 땅의 성공목록은 불안하고 무너지기 쉽습니다. 세상의 성공목록은 촛불처럼 흔들리고 무너집니다. 세상 사람들은 복음 안에서 주신 선물을 알지 못하기에 여전히 땅의 성공목록에 열광하지만, 그리스도인은 오직 하나님이 주신 그리스도의 의를 의지합니다.

❻ 바울은 다메섹에서 예수님을 만난 후, '모든 것'과 '그리스도의 의'를 비교합니다.

(1) 바울이 예수를 믿고 30년 동안 쌓은 선한 행실의 열매, 그리고 성령의 열매는 무엇인지 대화하세요. 바울은 이 모든 것을 그리스도의 의와 비교하고 무엇이라고 말합니까?

빌 3:7-9 그러나 무엇이든지 내게 유익하던 것을 내가 그리스도를 위하여 다 해로 여길뿐더러, 또한 모든 것을 해로 여김은 내 주 그리스도 예수를 아는 지식이 가장 고상하기 때문이라. 내가 그를 위하여 모든 것을 잃어버리고 배설물로 여김은 그리스도를 얻고 그 안에서 발견되려 함이니 내가 가진 의는 율법에서 난 것이 아니요 오직 그리스도를 믿음으로 말미암은 것이니 곧 믿음으로 하나님께로부터 난 의라.

바울은 다메섹에서 30대에 예수를 만난 이후, 성도로서 선한 열매를 맺었습니다. 바울이 30년 동안 교회 봉사와 희생, 교회를 개척한 열매는 풍성하고 놀라운 것입니다. 그는 환난과 핍박 속에서도 30년 동안 그리스도를 사랑하며 성령의 열매를 맺었습니다. 이 열매들은 소중하고 가치 있고 훌륭합니다. 그런데 왜 바울은 "이 모든 것을 잃어버리고 배설물로 여긴다"고 합니까? 바울은 이 열매와 그리스도의 의를 비교해 보고서, 30년 동안의 선한 열매 때문에 하나님 나라에 들어가는 것이 아님을 알았습니다. 오직 의로우신 하나님 앞에 서기 위해서는 〈그리스도가 의〉라는 사실을 깨달아야 한다는 것을 알았습니다. 그래서 모든 것을 배설물로 여긴다고 고백합니다.

⑵ 내가 예수님을 만난 이후 신앙생활을 하면서 쌓은 선한 열매, 성령의 열매는 무엇입니까? 이
   것은 소중하고 가치 있습니다. 이 모든 선한 열매와 그리스도의 의를 비교해 보세요.

우리도 예수를 만난 이후, 선한 행동과 많은 성령의 열매를 맺었습니다. 우리 중에 어떤 사람은 20년, 30년 동안 새벽기도와 말씀묵상, 헌금과 구제 생활, 교회의 수많은 어려움 가운데 섬기고 희생하고 봉사하였습니다. 이 모든 것은 선하고 보배롭고 가치 있는 열매입니다. 이 모든 열매를 평가절하하면 안 됩니다. 그런데 우리는 왜 이 모든 것을 잃어버리고 배설물로 여깁니까? 예수님을 믿고 쌓은 모든 선한 열매들은 그리스도의 의의 빛 앞에서는 '형광등 빛'에 불과하기 때문입니다. 세상의 성공목록들이 촛불의 빛과 같다면, 예수님을 믿고 나서 행한 선한 열매들은 '형광등 빛' 정도와 같습니다. 내가 쌓은 선한 행위를 가지고 하나님 앞에 설 수 있습니까? 바울처럼 우리도, 이 모든 선한 일로도 하나님 앞에 설 수 없음을 알기에 "모든 것을 잃어버리고 배설물로 여긴다"고 고백하며 오직 '그리스도의 의'를 의지합니다.

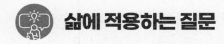 **삶에 적용하는 질문**

❶ "복음의 두 기둥을 의지하라"의 핵심 정리를 해 보세요. 하나님이 예수 그리스도의 복음으로 이루신 두 개의 기둥은 무엇입니까? 자신의 말로 설명해 주세요.

복음의 첫 번째 기둥인 그리스도의 의의 기둥은 나의 절망적 죄인 됨을 항상 인식하고, 그리스도의 의가 충분함을 항상 인식하는 것이고, 두 번째 기둥인 성령의 능력의 기둥은 나의 힘과 능력으로 100% 힘을 다하지만, 절대 부족하다고 고백하기에 오직 변화시키는 성령의 능력을 항상 100% 의지하는 것입니다.

❷ 양심의 법정과 하늘의 법정이 무엇인지 설명해 주세요. 이것을 삶에서 어떻게 적용할지 나누세요.

우리에게 두 개의 법정이 있습니다. 하나는 하늘 나라의 법정이며, 다른 하나는 우리의 양심의 법정입니다. 우리가 땅에서 죄를 지을 때 양심의 법정에서 우리를 고소하는 소리가 있습니다. 또한 우리는 그리스도께서 이루신 복음의 은혜 때문에 하늘 나라의 법정에서는 용서받고 의롭게 된 자녀입니다. 그리스도께서 이미 우리의 모든 죄를 대신해서 형벌을 받으사 그리스도의 의로 우리를 의롭다고 하셨습니다. 일상의 삶에서-가정, 결혼, 직장 등- 죄를 지을 때마다 양심의 법정의 소리가 들리지만, 우리는 양심의 법정에 머물러 있지 말고 성령의 능력을 의지해서 의롭다고 선언하시는 하늘의 법정을 기억해야 합니다. 이것이 복음을 자신에게 적용하는 원리입니다.

❸ 최근에 부모로서(또는 남편과 아내로서) 내가 할 수 있는 온 힘을 다했지만 낙심하고 불평과 분노를

쏟아 낸 경우가 있습니까? 이때 복음의 두 기둥을 의지해서 일어난다는 것은 무슨 의미입니까?

부모로서 자녀를 양육하는 동안 자주 자녀들과 갈등을 일으킵니다. 부모로서 최선을 다하지만 부모도 죄인이기에 분노하고 절망합니다. 자녀도 죄인이기에 부모에게 불순종하고 독한 말로 죄를 쏟아냅니다. 이때 복음을 경험한 부모는 먼저 복음의 두 기둥을 의지하고 일어나야 합니다. 자녀들의 어떠한 불순종과 독한 말에도 부모의 정체성은 하나님의 자녀이기에 그리스도의 의의 기둥으로 달려가야 합니다. 그리고 성령의 능력의 기둥을 의지함으로 화해의 통로가 되어야 합니다.

❹ 날마다 복음으로 사는 그리스도인은 성령님의 능력을 의지하는 자입니다. 나는 어떻게 내 안에서 역사하시는 성령님을 의지할 수 있습니까? 내가 온 힘을 다해 수고해야 하는 것은 무엇입니까? 함께 대화하세요.

성도들은 자신의 힘과 능력만을 의지하려는 죄 된 본성이 있습니다. 성도는 혼자 사는 고아가 아닙니다. 성도들 안에 성령께서 내주하십니다. 성령께서 우리 안에서 하나님의 기쁘신 뜻대로 일하십니다(빌 2:12-13). 최근에 나는 성령의 동행하심과 능력을 얼마나 자주 의식하면서 살았는지 돌아보세요. 우리는 부모로서, 교회 성도로서, 세상 속에서 온 힘을 다해 수고하지만, 변화시키시는 성령님을 항상 의지하며 믿음으로 걸어야 합니다.

❺ 하나님은 "두 세 사람이 내 이름으로 모인 곳에는 나도 그들 중에 있느니라"(마 18:20)고 하십니다. 서로의 기도제목을 나누고 하나님께 간절히 기도하세요.

한 주간의 기도 제목을 함께 나누세요. 예수 그리스도의 이름으로 기도하는 모든 것을 들으시는 주님께 함께 기도하세요.

3과
복음으로 3가지 적을 이기라

바울은 로마 성도들에게 롬 8:31–39에서 하나님의 구원 계획이 무엇인지 확신을 가지고 가르친다. 또한 구원을 방해하는 사탄의 공격이 있음을 말하면서 복음의 능력으로 이기기를 당부한다. 성도는 인생의 수많은 공격들, 골짜기들을 복음으로 어떻게 이길 수 있는지 배울 수 있다.

 ## 복음의 진리를 마음에 새기는 말씀

❶ 당신의 어린 시절 꿈은 무엇이었습니까? 당신이 앞으로 10년 안에 이루고 싶은 비전은 무엇입니까?

어린 시절의 꿈이 무엇인지 생각해 보세요. 젊은 날 우리 인생은 꼭 이루고 싶은 꿈이 있었습니다. 그러나 여러 가지 방해물(가정 환경, 능력 부족, 예기치 않는 일 등)로 인해 꿈은 바뀌었습니다. 하나님은 우리를 향한 꿈이 있었습니다. 영원 전에 시작된 하나님의 꿈(구원계획)은 무엇인지 묵상해 보세요.

❷ 바울은 하나님께서 우리를 향한 계획이 있으시다고 말합니다. 당신을 향한 하나님의 구원 계획이 무엇인지 롬 8:28–30 말씀을 읽고 말해 보세요.

롬 8:28–30 우리가 알거니와 하나님을 사랑하는 자 곧 그의 뜻대로 부르심을 입은 자들에게는 모든 것이 합력하여 선을 이루느니라. 하나님이 미리 아신 자들을 또한 그 아들의 형상을 본받게 하기 위하여 미리 정하셨으니 이는 그로 많은 형제 중에서 맏아들이 되게 하려 하심이니라. 또 미리 정하신 그들을 또한 부르시고 부르신 그들을 또한 의롭다 하시고 의롭다 하신 그들을 또한 영화롭게 하셨느니라.

우리를 향한 하나님의 꿈은 무엇입니까? 롬8:28은 하나님을 사랑하는 자, 곧 그의 뜻대로 부르심을 입은 자들에게는 모든 것이 합력하여 선을 이룬다는 말씀입니다. 이것은 성도들이 가장 많이 오해하는 말씀 중 하나입니다. 많은 성도들은 이 말씀을 땅의 형통, 즉 성공으로 생각합니다. 하나님이 사랑하는 자녀는 땅에서 모든 것이 잘된다고 생각합니다. 이것은 가장 오해되고 있는 비성경적인 생각입니다. 하나님이 사랑하는 우리에게 선을 이루려고 하시는 궁극적인 목적은 우리의 구원입니다. 하나님이 우리에게 이루시고자 하는 선(구원계획)은 죄인인 우리가 하나님의 자녀로 입양되어 하나님의 아들의 형상을 본받아 하나님 아버지와 영원히 사는 것입니다. 우리를 향한 하나님의 선은 단지 땅에서 형통한 정도가 아닙니다. 하나님은 이 놀라운 구원계획을 위해 아들을 이 땅에 보내셨고, 십자가에 죽게 하셨고, 성령 하나님이 성도 안에 내주하게 하십니다. 하나님의 포기하지 않는 사랑은 이 선을 반드시 이루십니다. 바울은 하나님의 구원의 과정을 5가지 동사로 표현합니다.

바울은 하나님의 구원의 과정을 5가지 동사로 표현합니다.

① 하나님이 미리 아신다(예지).

② 하나님이 미리 정하신다(예정).

③ 하나님이 부르신다.

④ 하나님이 의롭다 하신다(칭의).

⑤ 하나님이 영화롭게 하신다.

❸ 바울은 당신을 향한 하나님의 구원 계획을 방해하는 공격이 있다고 합니다. 롬 8:31-35에서

'누가'(4번)라고 적힌 부분을 살펴보고, 사탄이 하나님의 구원 계획을 어떻게 방해하는지 대화하세요.

롬 8:31-35 그런즉 이 일에 대하여 우리가 무슨 말 하리요 만일 하나님이 우리를 위하시면 누가 우리를 대적하리요 자기 아들을 아끼지 아니하시고 우리 모든 사람을 위하여 내주신 이가 어찌 그 아들과 함께 모든 것을 우리에게 주시지 아니하겠느냐 누가 능히 하나님께서 택하신 자들을 고발하리요 의롭다 하신 이는 하나님이시니 누가 정죄하리요 죽으실 뿐 아니라 다시 살아나신 이는 그리스도 예수시니 그는 하나님 우편에 계신 자요 우리를 위하여 간구하시는 자시니라 누가 우리를 그리스도의 사랑에서 끊으리요 환난이나 곤고나 박해나 기근이나 적신이나 위험이나 칼이랴

하나님의 구원계획을 방해하는 것은 사탄입니다. 사탄의 방해는 성도들의 인생에 항상 존재합니다. 사탄은 하나님이 이루신 구원계획을 파괴하거나 무너뜨릴 수는 없습니다. 사탄은 하나님과 대등한 존재가 아닙니다. 그러나 사탄은 모든 것(고난, 억울한 일, 건강, 문화, 자기 성취 등)을 동원하여 성도를 방해해서 하나님이 이루신 복음을 보지 못하게 하고, 예수를 닮지 못하게 공격합니다. 31절의 '이 일'은 무엇입니까? 이 일은 하나님이 이루시는 선을 말하며, 하나님의 아들의 형상을 닮아 하나님과 영원히 살게 하는 일입니다. 하나님은 이 선한 일을 이루기 위해 우리를 위하시지만, 사탄은 이것을 방해합니다. 누가, 누가 우리의 구원을 방해합니까? 사탄입니다.

① 누가 우리를 대적하리요: 사탄은 "너희 상황과 환경을 보라. 하나님이 너희를 위하시는 것이냐? 대적하는 것이 아니냐"라고 하나님의 선하심을 의심하게 합니다.

② 누가 고발하리요: 사탄은 우리가 죄를 지을 때 우리 마음에 고발합니다. 사탄은 엉터리 거짓말로 고발하지 않고 우리가 행한 죄의 사실로 고발합니다.

③ 누가 정죄하리요 : 사탄은 우리가 죄를 지을 때 죄책감을 갖게 합니다. 고발이 죄를 지을 때 첫 번째 일어나는 일이라면, 정죄는 계속된 고소입니다. 사탄은 반복적으로 우리가 얼마나 망가진 죄인인지를 비난하고 고소하는 자입니다.

④ 누가 우리를 그리스도의 사랑에서 끊으리요 : 사탄은 인생의 모든 것을 동원하여 그리스도의 사랑을 의심하게

합니다. 바울은 7가지-환난, 곤고, 박해, 기근, 적신, 위험, 칼- 땅에서 성도가 경험하는 모든 것을 사용하여 그리스도의 사랑을 의심하게 한다고 합니다.

❹ 바울은 성도들이 사탄의 방해를 어떻게 복음의 능력으로 이긴다고 말합니까?(롬 8:31-35) 함께 대화하세요.

사탄이 방해하는 공격에서 성도들은 어떻게 복음의 능력으로 이겨야 합니까?

① 누가 우리를 대적하리요: 사탄은 "하나님이 너희를 위하는 것이 사실이냐, 대적하는 것이 아니냐"라고 의심하게 합니다. 이것은 상황과 환경으로 인한 공격입니다. 매일 내 안의 죄와 이웃의 죄와 세상의 공격으로 인하여 인생의 상황이 망가질 때 사탄은 하나님의 사랑을 의심하게 하며 대적합니다. 바울은 복음으로 어떻게 이깁니까? "자기 아들을 아끼지 아니하시고 우리 모든 사람을 위하여 내어 주신 하나님이 어찌 그 아들과 함께 모든 것을 주시지 않겠느냐"고 합니다.

② 누가 고발하리요: 사탄은 우리가 죄를 지을 때 우리 마음에 고발합니다. 우리가 행한 죄의 사실로 고발합니다. 바울은 복음으로 이 공격을 어떻게 막아섭니까? "의롭다 하신 이는 하나 님이시다"라고 선포합니다.

③ 누가 정죄하리요: 사탄은 우리가 죄를 지을 때 끊임없는 죄책감을 주어 기쁨을 빼앗아 갑니다. 사탄은 반복적으로 우리가 얼마나 망가진 죄인인지를 비난하고 고소합니다. 바울은 이 공격을 어떻게 복음으로 막아섭니까? "나를 위하여 죽으신 분, 나를 위하여 살아나신 예수 그리스도를 바라보라. 지금도 하나님 보좌 우편에서 나를 위하여 간구하시는 왕을 보라"고 말합니다.

④ 누가 우리를 그리스도의 사랑에서 끊으리요: 사탄은 인생의 모든 환난과 고통을 동원하여 그리스도의 사랑을 의심하게 합니다. 바울은 어떻게 복음으로 이겨냅니까? "이 모든 일에 우리를 사랑하시는 이로 말미암아 우리가 넉넉히 이긴다"라고 하면서 하나님의 변치않는 사랑을 선포합니다.

❺ 바울은 롬 8:37-39에서 사탄의 공격의 10가지 상황을 말합니다. 그것은 무엇입니까?

롬 8:37-39 그러나 이 모든 일에 우리를 사랑하시는 이로 말미암아 우리가 넉넉히 이기느니라. 내가 확신하노니 사망이나 생명이나 천사들이나 권세자들이나 현재 일이나 장래 일이나 능력이나 높음이나 깊음이나 다른 어떤 피조물이라도 우리를 우리 주 그리스도 예수 안에 있는 하나님의 사랑에서 끊을 수 없으리라.

사탄은 인생의 10가지 상황 속에서 하나님의 사랑을 의심하게 합니다.

① 사망이나 생명 – 가장 무서운 죽음과 생명

② 천사들이나 권세자들 – 초자연적 권세들

③ 현재 일이나 장래일 – 시간의 모든 상황

④ 능력이나 높음이나 깊음 – 인생의 모든 높고 추락한 낮은 자리 등

⑤ 모든 피조물 – 바울은 인생에서 경험하는 모든 상황을 하나도 빠짐없이 구체적으로 나열합니다. 이 수많은 상황들이 초대 교회 성도들을 향한 하나님의 구원계획을 방해하고 있습니다. 우리의 인생에서도 우리의 힘과 능력으로 해결할 수 없는 골짜기들이 하나님의 사랑과 구원을 방해합니다.

❻ 바울은 롬 8:37-39에서 인생의 골짜기의 상황 속에서 복음으로 이기는 원리가 무엇이라고 말합니까?

바울이 사탄의 공격 앞에 싸우는 방법은 자기 힘과 자기가 쌓은 성취가 아닙니다. 바울은 오직 그리스도가 행하신 일(십자가와 그리스도의 의, 보좌에서 통치하시는 주님), 복음으로 싸웁니다. 하나님의 사랑과 그리스도의 사랑으로 이 모든 공격을 막아섭니다. 바울은 "내가 확신한다"고 선언합니다. 그 어떤 상황 속에서도 "그리스도 예수 안에 있는 하나님의 사랑에서 우리를 끊을 수 없다"고 선포합니다. 그 어떤 것도 하나님의 사랑에서 우리를 분리시

킬 수 없다고 외칩니다. 우리의 인생은 바울이 나열한 7가지 상황으로 휘청거리는 것이 사실입니다. 우리는 10가지 환경으로 인하여 하나님의 사랑을 의심하고 절망하게 됩니다. 그러나 그리스도의 사랑, 하나님 아버지의 사랑은 변함이 없다는 이 복음의 사실을 우리는 확신해야 합니다.

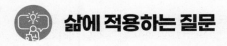 **삶에 적용하는 질문**

❶ 복음의 세 가지 적, 율법주의, 죄책감, 주관주의가 무엇인지 자신의 말로 간단히 설명하세요.

율법주의는 자기 행위와 순종으로 하나님께 인정을 받고 복을 더 받으려는 것입니다. 율법주의는 자기가 행한 일과 자기 의에 집중하고 예수님이 행하신 완전한 의를 보지 못합니다. 죄책감은 자기 죄에 끈질기게 초점을 맞추며 예수님의 십자가를 보지 않는 것입니다. 주관주의는 자기 생각과 감정의 느낌에 초점을 맞추고 하나님의 변치 않는 말씀을 바라보지 않습니다. 이 적들은 성도의 기쁨과 감격을 빼앗아 갑니다.

❷ 교회 안에 율법주의의 모습은 어떤 것이 있습니까? 나의 삶에 버려야 하는 율법주의의 모습은 무엇입니까?

성도의 경건의 활동은 필요합니다. 성도가 주님을 닮아 가기 위해 행하는 말씀묵상, 기도, 구제, 봉사, 선교 등은 은혜의 통로이기에 우리는 일상의 삶에서 힘써야 합니다. 그러나 이 은혜의 통로를 사용하면서 우리가 우월감을 갖거나 교만해진다면 율법주의의 모습을 가지게 된 것입니다. 이 선한 활동들을 무기로 삼아 다른 사람들을 멸시하고 비교하고 험담하는 것은 율법주의의 모습입니다. 우리 자신이 버려야 하는 율법주의의 모습은 무엇입니까?

❸ 최근 나의 삶－가정, 직장의 삶에서 마음에 고소하는 소리, 죄책감으로 고통받은 것이 있다면 함께 나누세요. 이것을 어떻게 복음으로 이길 수 있는지 대화하세요.

가정에서 가족을 위한 선한 일을 자기 의로 삼으려는 율법주의자의 유혹을 조심해야 합니다. 특히 오래 참고 인내하는 것을 자기 의로 삼고, 다른 가족이나 사람들을 멸시하지 말아야 합니다. 또한 우리의 게으름과 이기심, 분노의 죄를 지은 이후에 밀려오는 죄책감으로 고통당할 때, 복음으로 이겨낼 수 있어야 합니다. 우리는 속히 십자가로 달려가고, 그리스도의 의를 의지하는 훈련을 해야합니다.

❹ 주관주의(자기 느낌, 감정, 생각)는 우리의 일상의 손님입니다. 내가 자주 넘어지는 느낌과 감정은 무엇입니까? 이 주관주의를 이기기 위해 내가 자주 기억하는 말씀은 무엇입니까?

사람들은 아침부터 자기 느낌과 감정에 휩쓸려 살아갑니다. 자기 기준대로 일이 진행되지 않거나 피곤이 몰려올 때 쉽게 화를 내고 짜증을 내는 것을 조심해야 합니다. 성도는 밀려오는 느낌과 감정의 소용돌이를 멈추는 연습을 하고, 진리이신 말씀을 기억하고 자신에게 선포해야 합니다. 내가 자주 넘어지는 감정과 생각은 무엇인지 나누세요. 내가 자주 기억해야 하는 말씀은 무엇인지 대화하세요.

❺ 우리는 복음의 능력으로 우리의 기쁨을 빼앗아 가는 세 가지 적들을 이길 수 있습니다. 우리가 자주 넘어지는 영역을 함께 나누고, 하나님의 은혜와 복음의 능력으로 이길 수 있도록 함께 기도하세요.

하나님의 구원계획(하나님이 이루기 원하는 선)을 위해 하나님은 영원 전부터 우리를 사랑하셨고, 하나님의 아들의 십자가의 죽음과 삶이 필요했습니다. 그리고 성령이 이 구원을 이루기 위해 일하십니다. 그러나 사탄은 모든 것을 동원하여 성도를 평생 공격합니다. 그러므로 성도는 평생 자신에게 복음을 전함으로 이 공격을 물리쳐야 합니다. 당신에게 아무리 좋은 날일지라도 자기 의를 자랑하는 성도가 되지 말아야 합니다. 당신에게 가장 나쁜 날일지라도 좌절과 죄책감의 노예가 되지 말아야 합니다. 이미 우리는 그리스도 안에서 하늘에 속한 모든 신령한 복을 받았기 때문입니다(엡 1:3).

겸손한 사람은 하나님의 말씀에 뿌리를 내리고 그 은혜에 의존된 사람입니다. 겸손한 사람의 네 가지 습관 중에서, 시편 1편의 말씀을 살펴보며 하나님과 말씀과 기도로 교제하는 사람의 특징이 무엇인지 배웁니다.

4과
날마다 겸손을 세우라

 ## 복음의 진리를 마음에 새기는 말씀

❶ 복 있는 사람은 누구라고 생각합니까? 자신의 말로 설명해 주세요.

인생에서 무엇을 얻으면 행복한 사람입니까? 세상 사람들은 물질, 권세, 자녀양육의 성공, 사람의 인정을 얻으면 복 있는 사람이라고 합니다. 그리스도인으로서 복 있는 사람은 누구라고 생각하는지 대화하세요.

❷ 시편 1편은 복 있는 사람을 소개합니다.

⑴ 복 있는 사람이 하지 않는 것 세 가지는 무엇입니까?

시 1:1 복 있는 사람은 악인들의 꾀를 따르지 아니하며 죄인들의 길에 서지 아니하며 오만한 자들의 자리에 앉지 아니하고

복 있는 사람은 세상이 인정하는 복 있는 사람이 아니라, 여호와 하나님이 인정하는 복 있는 사람입니다. 복 있는

사람이 하지 않는 일 3가지는 무엇입니까?

① 악인의 꾀를 따르지 않습니다: 악인은 표준이 없습니다. 그들은 하나님이 없기에 자기 생각, 자기 꾀를 따르는 사람입니다.

② 죄인의 길에 서지 않습니다: 죄는 목표를 빗나가는 것입니다. 죄인은 하나님이 주신 목표를 벗어나서 자기가 세운 목표를 따라 길을 가는 사람입니다.

③ 오만한 자의 자리에 앉지 않습니다: 오만한 자는 하나님의 다스림을 거부하고 자기 힘으로 사는 사람입니다.

이 3종류의 사람(죄인/악인/오만한 자)은 세상 속에서 도덕적으로 윤리적으로 나쁜 사람이 아닐 수 있습니다. 그들은 단지 강도나 사기꾼, 중독자 같은 나쁜 사람이 아닐 수 있습니다. 이 사람들은 어쩌면 대학교 교수이든지, 성공한 부자이든지, 자선 사업가나 힘 있는 정치인일 수 있습니다. 또는 형식적인 예배 참석자일 수 있습니다. 그러나 그들의 인생관, 세계관을 살펴보면 하나님이 없는 사람입니다. 자기 꾀를 따르고 자기 목표를 향해서 하나님 없이 독립적으로 사는 죄인들입니다.

(2) 복 있는 사람이 꼭 하는 것은 무엇입니까?

시 1:2 오직 여호와의 율법을 즐거워하여 그의 율법을 주야로 묵상하는도다.

복 있는 사람은 누구입니까? 날마다 하나님의 도움이 필요해서 하나님을 의지하는 사람입니다. 그는 날마다 하나님의 말씀(율법)을 즐거워하며 묵상하는 자입니다. 자기의 목표나 생각이 아니라, 하나님의 말씀이 진리이며 행복의 원리인 줄 알기에 항상 주야로 하나님의 말씀을 묵상하는 자입니다. 하나님의 말씀이 과거에도 진리이고 현재에도 행복의 원리이며 미래에도 생명의 길임을 인정하는 자이기에, 하나님의 말씀을 즐거워하고 묵상하며 인생의 길잡이로 삼고 살아갑니다.

❸ 복 있는 사람과 악인을 무엇에 비유하고 있습니까? 그들의 인생의 열매는 무엇입니까? 마지막 결과는 어떻게 됩니까?

복 있는 사람은 시냇가에 심은 나무에 비유하고 있습니다. 이 사람은 열매는 하나님의 말씀에 뿌리를 내렸기에 인생의 시절을 따라 열매를 맺습니다. 10대, 20대, 30대, 50대 어떤 시절이든지 어떤 골짜기든지 그는 하나님의 말씀의 원리를 따라 살기에 형통합니다. 그 결과는 여호와께서 인정하십니다. 악인들은 무엇에 비유 되었습니까? 바람에 나는 겨와 같다고 하였습니다. 그들은 세상의 문화와 사상과 유행에 휩쓸리는 겨와 같습니다. 그들은 인생의 골짜기에 불안해 하고 두려움으로 휘청거립니다. 결과는 악인들의 길은 망하리라고 합니다. 하나님 없이 자기가 인생의 주인이 되어 사는 사람은 땅에서 성공한다 할지라도 의인의 회중에 들지 못하고 하나님의 심판을 견디지 못합니다.

❹ 여호와께서 인정하는 사람, 열매 맺는 사람의 특징은 무엇입니까? 인생의 중요한 원리는 무엇입니까?

여호와께서 인정하는 사람의 특징은 인생의 모든 시절을 걸어갈 때 하나님의 말씀의 진리에 뿌리를 내리고 사는 사람입니다. 성경은 갓난아기들 같이 순전하고 신령한 젖을 사모하라(벧전2:2)고 말합니다. 성도는 아기처럼 말씀의 젖을 날마다 찾고 사모하는 자입니다. 아기에게 젖은 있어도 되고 없어도 되는 것이 아닙니다. 아기에게 젖은 생명입니다. 하나님이 기뻐하는 열매 맺는 사람의 특징은 하나님의 말씀을 사모하고 말씀에 뿌리내린 사람입니다. 성도는 어제 먹은 밥심으로 오늘을 사는 자가 아니라, 오늘 먹은 밥심으로 오늘을 살아가는 자입니다. 열매 맺는 성도는 날마다 하나님의 말씀과 기도로 교제하는 습관을 가진 사람입니다.

❺ 나는 시냇가에 심은 나무처럼, 정규적으로 하나님의 말씀을 묵상하고 뿌리를 내리고 있습니까? 이것이 어려운 이유는 무엇입니까? 이 복 있는 사람의 원리를 내 삶에 실천하기 위해 필요한 것은 무엇입니까?

말씀묵상은 성도에게 중요한 은혜의 통로이지만, 삶의 우선순위로 자리 잡기 어렵습니다. 세상은 분주하고, 중요하지 않지만 급한 일들로 가득합니다. 세상의 문화와 스마트폰과 인터넷이 우리를 유혹합니다. 우리의 분주함과 게으름 때문에 말씀묵상이 삶에 자리 잡지 않을 수 있습니다. 말씀 묵상을 하지 않으면 구원이 취소되는 것은 아닙니다. 그러나 말씀의 은혜 없이 저절로 열매 맺는 사람은 없습니다. 성도는 매일 말씀의 저수지에 나아가야 합니다. 이 말씀은 우리 인생의 모든 때마다 우리를 자라게 하는 힘입니다.

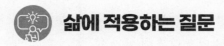 **삶에 적용하는 질문**

❶ 내가 처음에 생각한 겸손은 무엇입니까? 이제 성경적으로 "겸손은 무엇이다"라고 말할 수 있습니까?

일반적으로 겸손은 조용하고 자신을 자랑하지 않는 모습이라고 생각합니다. 그러나 성경의 겸손은 거룩하신 하나님을 아는 것과 자신이 하나님 앞에 얼마나 타락한 죄인인지 아는 것입니다.

❷ 염려는 날마다의 손님입니다. 최근 나의 삶에서 가장 크게 밀려오는 염려는 무엇입니까? 함께 나누세요.

우리 가정의 염려는 무엇입니까? 자녀 양육, 배우자, 인생의 미래에 대한 염려를 나누세요. 학교와 직장 생활의 염려는 무엇입니까? 미래에 대한 염려가 있다면 무엇인지 함께 대화하세요.

❸ 예수님은 염려하는 우리에게 무엇이라고 말씀하십니까? 마 6:33-34 말씀을 나누세요. 우리가 먼저 해야 하는 것은 무엇입니까?

마 6:33-34 그런즉 너희는 먼저 그의 나라와 그의 의를 구하라. 그리하면 이 모든 것을 너희에게 더하시리라. 그러므로 내일 일을 위하여 염려하지 말라. 내일 일은 내일이 염려할 것이요 한 날의 괴로움은 그날로 족하니라.

예수님은 내일 일, 미래의 일로 염려하지 말라고 하십니다. 하나님은 오늘도 우리들의 아버지이시고 내일(미래)도 우리의 아버지이시기 때문입니다. 예수님은 오늘도 염려하지 말고, 오지도 않은 내일은 더욱 염려하지 말라고 하십니다. 예수님은 우리의 죄를 대신해서 죽으시고 생명을 주시기 위해 이 땅에 오셨습니다. 우리는 하나님의 나라와 의를 구하는 동역자로 부름을 받았습니다. 만일 우리가 날마다 밀려오는 오늘의 염려와 과거의 사건으로 인한 염려, 일어나지도 않은 미래의 염려까지 무겁게 다 들고 있으면 누가 견딜 수 있습니까? 어떻게 하나님의 나라와 의를 위해 살 수 있습니까? 우리는 모든 염려를 우리를 돌보시는 주님께 던져야 합니다. 우리는 날마다 염려를 소중하게 대접하지 말아야 합니다. 그리고 오늘 하나님의 자녀로서 하나님의 나라와 의를 구하는 자녀로 살아야 합니다. 하나님은 우리 인생을 하나님 나라를 섬기는 자녀라는 놀라운 계획으로 우리를 부르셨기 때문입니다.

❹ 겸손을 일상의 삶에 실천하는 네 가지 방법은 무엇입니까? 겸손의 네 가지 방법 중에서 내가 성장해야 하는 것은 무엇인지 대화하세요.

겸손한 사람의 실천 방법 4가지입니다.

① 날마다 십자가를 묵상하라.

② 매일 아침 하나님을 의지하고 감사로 시작하라.

③ 날마다 하나님과 인격적인 말씀묵상과 기도를 하라.

④ '날마다 밀려오는 염려를 돌보시는 주님께 던져라'입니다. 우리의 본성은 자기 힘과 능력을 의지하려고 하며, 이 4가지 습관이 어렵습니다. 그러므로 교만을 의도적으로 죽이고 겸손을 날마다 세우기 위해 4가지 겸손의 훈련을 실천해야 합니다.

❺ 자신과 서로를 위해 기도하세요. 하나님은 겸손한 사람을 찾으시고, 겸손한 자에게 은혜를 주십니다. 겸손을 나의 삶에 실천함으로 하나님의 은혜를 더욱 누리는 사람이 되도록 서로를 위해 함께 기도하세요.

함께 기도하는 것은 중요합니다. 보좌에 계신 주님께 우리의 아픔과 기도제목을 가지고 나아가는 겸손은 중요합니다. 서로를 위해 간절히 기도하세요.

5과
일생 겸손을 훈련하라

 복음의 진리를 마음에 새기는 말씀

❶ 예수님은 십자가에서 죽으시기 전날 밤, 무엇을 하십니까?

요 13:3-5 저녁 먹는 중 예수는 아버지께서 모든 것을 자기 손에 맡기신 것과 또 자기가 하나님께로부터 오셨다가 하나님께로 돌아가실 것을 아시고 저녁 잡수시던 자리에서 일어나 겉옷을 벗고 수건을 가져다가 허리에 두르시고 이에 대야에 물을 떠서 제자들의 발을 씻으시고 그 두르신 수건으로 닦기를 시작하여

예수님은 십자가에 달려 돌아가시기 전, 모든 것을 아시고 제자들과 함께 마지막 만찬을 하셨습니다. 스승이신 예수님은 저녁 잡수시던 자리에서 일어나, 겉옷을 벗고 수건을 가져다가 제자들 앞에 무릎을 꿇고 앉아서 그들의 발을 씻기십니다. 이 일은 이스라엘 문화에서 가장 비천한 종이 하는 일입니다.

❷ 베드로는 어떻게 반응합니까? 베드로에게 대답하시는 예수님의 말씀의 의미는 무엇인지 나

예수님은 십자가에 달려가시기 몇 시간 전, 제자들과 만찬을 함께 하였다. 예수님은 제자들의 발을 씻으며 겸손의 본을 보여 주셨고, 제자 공동체에게 새 계명을 주셨다. 성도들은 예수님의 본을 따라 평생 겸손과 사랑의 삶을 배워 가야 한다.

누세요.

요 13:8-10 베드로가 이르되 내 발을 절대로 씻지 못하시리이다. 예수께서 대답하시되 내가 너를 씻어 주지 아니하면 네가 나와 상관이 없느니라. 시몬 베드로가 이르되 주여 내 발뿐 아니라 손과 머리도 씻어 주옵소서. 예수께서 이르시되 이미 목욕한 자는 발 밖에 씻을 필요가 없느니라. 온몸이 깨끗하니라.

베드로는 "예수님, 내 발을 절대로 씻으실 수 없습니다"라고 강하게 부정합니다. 예수님은 그런 베드로에게 "내가 너를 씻어 주지 아니하면 네가 나와 상관이 없느니라"고 하십니다. 예수님은 발 씻는 일상의 일을 통해 영적 진리를 가르치고 있습니다. 이것은 단순히 발 씻는 문제가 아니라, 주님의 피로 '죄 씻음'을 가르칩니다. 예수님은 "내가 너를 씻어 주지 아니하면 너와 내가 아무 상관이 없다"고 하십니다. 이 의미는 예수님이 베드로의 죄를 씻겨 주지 않으면 누구도 예수님과 상관이 없다는 의미입니다.

베드로는 예수님의 말씀의 영적 의미를 깨닫지 못합니다. 예수님의 말씀에 베드로는 "주여! 발뿐 아니라 손과 머리도 씻어 주소서"라고 말합니다. 예수님은 "이미 목욕한 자는 발 밖에 씻을 필요가 없느니라. 온 몸이 깨끗하니라"(10절)고 하십니다. 몸 전체를 씻는 것과 발 씻는 것의 차이는 무엇입니까? 이미 목욕한 자는 죄 씻음을 받았고 성령이 함께하십니다. 예수님을 믿는 우리들은 온몸이 이미 목욕한 거듭난 사람입니다. 우리의 신분은 예수님의 피로 모든 죄를 용서받은 자녀가 되었습니다. 거듭난 우리들은 죄를 짓는 죄인이기에, 매일 발을 씻듯이 날마다 더러운 죄를 씻고 회개해야 합니다.

❸ 예수님은 제자 공동체에게 중요한 것을 가르치십니다. 예수님께서 "내가 너희 발을 씻었으니 너희도 서로 발을 씻어 주라"고 하신 말씀의 의미는 무엇입니까?

요 13:14-15 내가 주와 또는 선생이 되어 너희 발을 씻었으니 너희도 서로 발을 씻어 주는 것이 옳으니라. 내가 너희에게 행한 것 같이 너희도 행하게 하려 하여 본을 보였노라.

이 말씀의 핵심은 "내가 하늘의 주가 되어 너희 발을 씻었으니, 너희도 서로 발을 씻어 주는 것이 옳으니라"입니다.

예수님은 자격 없는 제자들의 더러운 발을 씻기셨습니다. 예수님은 그들의 발이 예수님을 배반하고 도망갈 것을 아셨지만, 그들을 용서하셨습니다. 예수님은 "내가 너희에게 행한 것 같이(너희 죄를 씻긴 것 같이) 너희도 행하게 하려 하여 본을 보였노라"고 하십니다. 그처럼 제자들도 서로의 죄를 씻어 주는 공동체가 되라고 하십니다. "주께서 너희를 용서하신 것 같이 너희도 서로 용서하라"고 하십니다(골 3:13). 서로 죄를 고백하는 공동체가 되기는 쉽지 않습니다. 우리는 멀리 있는 이웃의 죄를 용서하기는 쉽지만, 가까이에 있는 배우자와 자녀들의 죄를 용서하기가 어렵습니다. 당신은 최근에 언제 가족과 배우자의 죄를 씻어 주고 용서했습니까? 사탄의 전략은 예수님의 십자가의 피로 죄 씻음과 용서를 받은 자녀들이, 이 복음의 진리를 머리로만 믿고 입으로만 고백하게 하는 것입니다. 예수님은 제자들과의 마지막 자리에서 서로의 죄를 씻어 주고 용서하는 공동체가 되라고 말씀하십니다.

❹ 예수님이 제자 공동체에게 명령하신 새 계명은 무엇입니까?

요 13:34-35 새 계명을 너희에게 주노니 서로 사랑하라. 내가 너희를 사랑한 것 같이 너희도 서로 사랑하라. 너희가 서로 사랑하면 이로써 모든 사람이 너희가 내 제자인 줄 알리라.

예수님은 마지막 밤 제자들을 향하여 위대한 비전을 가지고 있으셨습니다. 예수님은 남겨진 제자(교회) 공동체를 향한 거창한 목표가 있었습니다. 그것은 "너희가 큰 건물을 짓고 위대한 업적을 남겨라. 열방을 정복하라"는 목표가 아닙니다. 예수님의 비전은 "새 계명을 너희에게 주노니 내가 너희를 사랑한 것처럼 너희도 서로 사랑하라"입니다. 이 자리에 있었던 제자 요한은 초대 교회 성도들에게 이렇게 가르칩니다. "사랑은 여기 있으니 우리가 하나님을 사랑한 것이 아니요 하나님이 우리를 사랑하사 우리 죄를 속하기 위하여 화목 제물로 그 아들을 보내셨음이라. 사랑하는 자들아 하나님이 이같이 우리를 사랑하셨은즉 우리도 서로 사랑하는 것이 마땅하도다"(요일 4:10-11).

❺ 예수님의 유언의 말씀(요 13장)을 통해서 내가 배우는 것은 무엇입니까? 복음을 믿는 가정, 복음으로 세워진 교회가 적용해야 하는 것은 무엇인지 대화하세요.

예수님은 자기 피로 산 교회 공동체가 서로 죄를 씻어 주며, 서로 사랑하는 공동체가 되기를 원하셨습니다. 그러하기에 세상의 성공이나 형통이 그리스도인이 된 증거가 아닙니다. 누가 돈을 많이 쌓았느냐, 누가 높은 권세를 가졌느냐, 누가 세상에서 성공했느냐가 그리스도인의 표식이 아닙니다. 예수님의 십자가의 사랑을 경험한 교회 공동체가 품어야 하는 삶은 서로 죄를 씻고 용서하는 공동체, 서로 사랑하는 공동체가 되는 것입니다. 이 겸손한 삶을 가정과 교회에 적용해야 합니다.

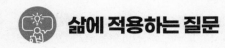 **삶에 적용하는 질문**

❶ 겸손한 사람의 인생에 세워야 하는 5가지 원리는 무엇인지 핵심을 정리해 보세요.

일생 동안 겸손한 사람이 세워야 하는 5가지 원리는

① 자신이 죄인인 줄 알기에 다른 사람의 도움을 필요로 하는 자입니다.

② 겸손한 사람은 자신의 죄를 고백하고 용서하는 사람입니다.

③ 겸손한 사람은 주님이 섬기신 사랑을 따라 다른 사람을 섬기는 사람입니다.

④ 겸손한 사람은 성령이 일하시는 은혜의 증거를 찾아 격려합니다.

⑤ 겸손한 사람은 인생의 모든 상황 속에서 하나님의 선하심과 사랑의 주권적인 다스림을 아는 자입니다.

❷ 나는 가정에서 다른 사람(배우자, 자녀들)의 도움이 필요하다는 것에 동의합니까? 나는 가정에서 배우자와 자녀들에게 서로 죄를 고백하고 용서를 구합니까? 최근에 가정에서 죄를 고백하고 용서를 구한 적이 있습니까?

겸손한 성도는 가정에서 배우자나 자녀에게 자신이 죄인임을 고백하고 도움을 구하는 사람입니다. 한국 문화에서 이것은 쉽지 않습니다. 남편이 아내에게 죄를 고백하는 것, 부모가 자녀에게 죄를 고백하며 도움을 요청하는 것은 나약해 보입니다. 그럼에도 복음의 사람이 가정에서 하나님이 값없이 주신 은혜를 흘려보내기 위해 죄를 고백하

고 용서하는 겸손한 열매가 필요합니다. 성령께서 남편과 아내의 마음의 문을 열어 서로 용서하고 용납할 수 있는 은혜를 주시기를 소망합니다. 성령께서 부모의 마음의 문을 열어 자녀를 용납하고 자신의 약함을 고백할 수 있는 은혜를 주시기를 소망합니다.

❸ 나는 가정과 교회에서 다른 사람의 약함을 지적하는 일이 많습니까? 각 사람 안에 변화된 열매를 찾아 격려하는 일이 많습니까? 최근에 가족들에게 감사와 격려를 어떻게 했는지 서로 대화하세요.

인간관계는 항상 갈등이 있습니다. 그것은 내가 죄인이며, 나와 만나는 상대가 연약한 죄인이기 때문입니다. 가장 가까운 가족이나, 자주 만나는 교회 지체들의 약함은 너무도 잘 보입니다. 오히려 각 사람 안에 성령이 일하시는 변화의 열매들은 잘 보이지 않습니다. 그래서 서로를 격려하고 감사하는 일은 참으로 어렵습니다. 우리는 일상의 삶에서 격려의 근육을 키워야 합니다. 최근에 가까운 가족과 친구들에게 어떻게 격려했는지 대화하세요.

❹ 최근에 내 삶의 가장 무거운 짐은 무엇입니까? 하나님의 능하신 손 아래서 겸손함으로 이 모든 염려를 던지고 신뢰합니까? 함께 대화하세요.

인생의 무거운 짐은 날마다 밀려옵니다. 내 힘으로 감당할 수 없는 골짜기들이 주변에 항상 있습니다. 최근에 가장 무거운 짐이 무엇인지 서로 대화하세요. 날마다 무거운 짐이 밀려오는 것도 사실이지만, 우리의 하나님 아버지의 능력의 손이 돌보고 계심도 사실입니다. 당신을 구원하신 하나님 아버지의 지혜와 사랑의 돌보심을 신뢰합니까? 서로 나누세요.

❺ 자신과 서로를 위해 함께 기도하세요. 인생은 예상치 못한 골짜기의 연속입니다. 하나님의 선하신 돌보심을 신뢰하며 하늘 아버지에게 함께 기도하세요.

인생은 예상치 못한 골짜기들이 연속이지만, 성도는 구원자 예수 그리스도의 은혜의 보좌에 나아가 기도할 수 있습니다. 문제만 보지 말고 하늘의 보좌를 보아야 합니다. 함께 기도제목을 나누고 기도하세요.

결혼 안의 남성과 여성의 삶은 단지 두 사람만의 행복이 아닙니다. 성경이 말하는 결혼은 그리스도와 교회의 비밀을 세상에 나타내는 현장입니다. 결혼 안에서 남성과 여성의 삶은 결혼의 주인이신 그리스도와의 관계에서 일어나는 열매입니다. 이 열매는 다음 세대에게 복음을 전하며, 세상에 하나님의 은혜의 비밀을 나타냅니다.

6과
성경이 말하는 남성과 여성의 삶

 복음의 진리를 마음에 새기는 말씀

❶ 바울은 초대 교회 성도들에게 결혼에 대해 "이 비밀이 크도다. 나는 그리스도와 교회에 대하여 말하노라"(엡 5:32)라고 말합니다. 결혼은 무슨 큰 비밀을 나타내는 것입니까?

엡 5:31–32 그러므로 사람이 부모를 떠나 그의 아내와 합하여 그 둘이 한 육체가 될지니 이 비밀이 크도다. 나는 그리스도와 교회에 대하여 말하노라.

바울은 창세기 2:23을 인용하여 결혼의 비밀을 성도들에게 가르칩니다. "이러므로 남자가 부모를 떠나 그의 아내와 합하여 둘이 한 몸을 이룰지로다"(창 2:23)를 말하면서 "이 비밀이 크도다. 나는 그리스도와 교회에 대하여 말하노라"(엡5:32)고 합니다. 바울은 결혼이 '비밀'이라고 합니다. 무슨 비밀입니까? 결혼은 그리스도와 교회의 사랑의 언약을 보여 주는 현장이기에 비밀입니다. 신랑이신 그리스도가 하늘 아버지를 떠나 자신의 생명을 주고 교회를 신부로 삼아 영원히 사랑하셨습니다. 그리스도는 자기 피로 교회를 사시고 결코 깨지지 않는 사랑의 언약을 맺으셨습니다. 결혼의 목적은 단지 남자와 여자의 자기 만족이 아닙니다. 성도의 결혼은 하나님의 비밀을 세상에 나타내는 것입니다. 두 사람이 깨지지 않는 사랑의 언약을 지킬 때, 그것은 세상에 그리스도의 영원한 사랑을 나타내는 것입니다.

❷ 베드로는 초대 교회 성도들에게 결혼에 대해서 말합니다. 아내들에게 무엇이라고 가르칩니까?

벧전 3:1 아내들아, 이와 같이 자기 남편에게 순종하라. 이는 혹 말씀을 순종하지 않는 자라도 말로 말미암지 않고 그 아내의 행실로 말미암아 구원을 받게 하려 함이니

베드로는 아내들에게 자기 남편에게 순종하라고 가르칩니다. 단지 믿는 남편에게만이 아니라, 말씀을 순종하지 않는 믿지 않는 남편에게도 순종하라고 합니다. 믿지 않는 남편이 친절하지 않고 성품이 부족할지라도 아내가 순종할 때, 아내의 행실로 남편에게 복음이 무엇이며, 그리스도의 은혜가 무엇인지 흘러가서 남편을 구원할 수 있다고 합니다.

❸ 하나님의 딸, 아내가 남편에게 순종할 힘은 어디에서 나옵니까?

벧전 3:5 전에 하나님께 소망을 두었던 거룩한 부녀들도 이와 같이 자기 남편에게 순종함으로 자기를 단장하였나니

아내가 남편에게 순종하는 일은 고통스럽고 날마다 싸움입니다. 보통 아내의 마음은 남편이나 자녀에게 소망을 둡니다. 이것은 고통입니다. 그 이유는 남편이나 자녀들은 말과 행동이 실수가 많고 불안한 죄인이기에 실망을 줍니다. 아내의 마음이 남편이나 다른 것에 소망을 둔다면 자주 넘어지고 두려움이 밀려옵니다. 아내가 남편에게 순종할 수 있는 힘은 죄인인 남편이나 변하는 환경을 바라보는 것이 아닙니다. 하나님의 딸로서 아내는 하나님 아버지를 온전히 신뢰해야 합니다. 하나님 아버지께 소망을 둘 때 남편에게 순종할 힘이 있습니다.

❹ 하나님께 소망을 둔 여성의 마음의 태도는 무엇입니까? 아내로서 매일 단장해야 하는 것을 나누세요.

벧전 3:3-4 너희의 단장은 머리를 꾸미고 금을 차고 아름다운 옷을 입는 외모로 하지 말고 오직 마음에 숨은 사람을 온유하고 안정한 심령의 썩지 아니할 것으로 하라. 이는 하나님 앞에 값진 것이니라.

하나님께 소망을 둔 여성의 마음의 태도는 온유와 안정된 평안의 마음입니다. 온유는 마음에 자기 권리나 방식을 고집하지 않는 부드러움입니다. 안정한 심령은 자신의 감정이 두려움으로 요동치지 않는 고요한 평안입니다. 아내의 일상의 삶은 연약한 남편이 보이고, 불안한 상황이 보여서 감정이 요동치고 두려움이 밀려옵니다. 그러나 하나님께 소망을 둔 아내는 온유와 평안한 마음의 태도를 가집니다. 이것은 아내가 비싼 옷과 화장품으로 외모를 꾸미는 것과 비교할 수 없이 아름다운 단장입니다.

❺ 바울과 베드로는 남편의 역할이 무엇이라고 합니까?

엡 5:28-30 이와 같이 남편들도 자기 아내 사랑하기를 자기 자신과 같이 할지니 자기 아내를 사랑하는 자는 자기를 사랑하는 것이라. 누구든지 언제나 자기 육체를 미워하지 않고 오직 양육하여 보호하기를 그리스도께서 교회에게 함과 같이 하나니 우리는 그 몸의 지체임이라.

벧전 3:7 남편들아, 이와 같이 지식을 따라 너희 아내와 동거하고 그를 더 연약한 그릇이요 또 생명의 은혜를 함께 이어 받을 자로 알아 귀히 여기라. 이는 너희 기도가 막히지 아니하게 하려 함이라.

바울은 에베소교회 남자들에게 남편의 역할을 가르칩니다. 남편은 아내를 사랑하라고 합니다. 아내를 사랑하는 것은 자기를 사랑하는 것이라고 말합니다. 그리스도께서 남자를 양육하고 보호한 것처럼, 남편은 한 몸인 아내를 양육하고 보호하며 사랑하라고 합니다. 남편은 날마다 그리스도께로부터 하나님의 사랑을 공급받아 아내에게 흘려보내야 합니다. 베드로는 초대 교회 남자들에게 남편의 역할을 가르칩니다. 남편들은 아내를 지식을 따라 함께 동거하라고 합니다. 남자들은 아내의 신체적 약함, 정서적이고 영적인 이해를 가지고 아내를 알고 사랑하라고 합니다. 아내는 영원한 생명의 유업을 함께 약속으로 받은 하나님의 딸입니다. 아내는 그리스도의 핏값을 주고 산 하나님의 딸입니다. 남편은 아내를 소중히 여기고 돌보는 특권을 가졌습니다.

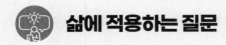

삶에 적용하는 질문

❶ 당신의 결혼 생활은 몇 년 되었습니까? 나의 배우자의 장점을 말해 주세요. 배우자에게 감사한 것 2-3가지는 무엇인지 나누세요.

나의 배우자에 대해 나누어 주세요. 결혼 생활에서 배우자에게 장점과 감사한 것을 찾기는 쉽지 않습니다. 우리는 연약한 죄인이기 때문입니다. 최근의 결혼 생활에서 배우자의 장점과 감사한 것을 찾아 나누어 주세요.

❷ 성경이 말하는 남편의 역할—인도, 공급, 보호, 사랑과 아내의 역할—순종, 격려가 무엇인지 자신의 말로 구체적으로 설명해 주세요. 이것이 어떻게 그리스도와의 관계 안에서 일어나는 역할인지 대화하세요.

성경이 말하는 남편의 역할은 인도자, 공급자, 보호자이며 사랑의 사람입니다. 남편의 역할 4가지는 남자의 인생의 구원자이신 그리스도와의 관계에서 나오는 열매입니다. 남자의 주인이신 그리스도가 남자의 인생의 인도자이시고, 필요한 모든 것을 공급하시고, 보호하시고 사랑하십니다. 남자는 이 그리스도의 사랑을 경험하고 가정에서 흘려보냅니다. 성경이 말하는 아내의 역할은 순종과 격려입니다. 아내는 구원자이신 그리스도께서 가정에 남편을 머리로, 인도자로 세우셨음을 알기에 순종하고 지지하며 격려합니다.

❸ 나의 결혼 생활에서 남성의 역할 4가지, 여성의 역할 2가지에서 1-2년 동안 가장 많이 성장

하기 원하는 것은 무엇입니까?

성경이 말하는 남자와 여자의 삶을 일상과 결혼에 적용하는 일은 쉽지 않습니다. 우리는 평생 이 역할을 배우며 성장해 갑니다. 최근 나의 결혼 생활에서 성장한 영역이 있다면 나누세요. 어떤 경우 남자와 여자의 역할을 모를 수 있습니다. 우리 주변에 성경적 모델을 발견하기 어렵기 때문에 이 역할을 하며 살아가는 가정을 만나기 어려울 수 있습니다. 그렇다면 어떤 역할부터 자신의 삶에 적용할 수 있을지 함께 대화하세요.

❹ 만일 싱글 또는 청년이라면, 성경이 말하는 남성과 여성의 역할을 통해 내가 기억해야 하는 것과 새롭게 깨달은 것은 무엇인지 나누세요.

결혼 전의 싱글 청년이라면 너무도 놀라운 시간입니다. 결혼은 단지 두 사람의 로맨스가 아니라, 그리스도와 교회의 깨지지 않는 사랑의 언약을 나타내는 현장이라는 사실을 배우는 것은 청년에게 소중한 기쁨입니다. 성경이 말하는 남자와 여자의 삶을 배우며 새롭게 깨달은 것, 도전이 되는 것은 무엇인지 나누세요.

❺ 하나님이 남자와 여자를 만드셨습니다. 하나님이 결혼의 주인이십니다. 하나님이 기뻐하는 남성, 여성이 되기 위해서 하나님께 지혜를 구하는 기도를 함께 하세요.

결혼을 통해 하나님을 기쁘시게 하는 가정이기를 기도하세요. 결혼을 통해 하나님께 영광 돌리는 것은 단지 부자가 되는 것, 세상의 성공을 이루는 것이 아닙니다. 남자와 여자가 복음의 은혜로 인하여 두 사람이 하나 되고 서로 용납하며 사랑하는 것이 하나님을 기쁘게 합니다. 우리의 결혼을 통해서 하나님의 비밀이 세상에 증거 되게 해 달라고 하나님께 기도하세요.

7과
공동체 안에서 성장하는 삶

 복음의 진리를 마음에 새기는 말씀

① 예수님이 제자들에게 "너희는 나를 누구라 하느냐"라고 물으실 때 베드로는 무엇이라고 말합니까? 만일 예수님이 당신에게 "너는 나를 누구라 하느냐"라고 물으시면 무엇이라고 대답하겠습니까?

마 16:15–16 이르시되 너희는 나를 누구라 하느냐. 시몬 베드로가 대답하여 이르되 주는 그리스도시요 살아 계신 하나님의 아들이시니이다.

예수님은 "너희는 나를 누구라고 하느냐"고 물으십니다. 그때 베드로는 "주는 그리스도시요 살아 계신 하나님의 아들이십니다"라고 대답합니다. 이것은 엄청난 고백입니다. 이 고백이 있기 전까지 그 누구도 예수님을 이렇게 고백한 사람이 없었습니다. 이스라엘의 율법학자도, 부자도, 권세자도 이렇게 고백하지 않았습니다. 이 베드로의 고백은 하나님께서 알려주신 것입니다. 예수님이 나에게 "너희는 나를 누구라고 하느냐" 질문하신다면 무엇이라 말할지 적어보세요.

예수님은 베드로의 신앙고백 위에 교회를 세우십니다. 예수님이 말씀하시는 교회의 권세는 무엇입니까? 우리는 이 교회의 권세를 회복해야 합니다. 신약의 교회 공동체는 무엇인지, 복음을 적용하는 공동체는 어떤 열매를 맺는지 살펴봅니다.

❷ 예수님은 신약에서 처음으로 "교회"라는 말씀을 하십니다. 교회는 누가 세웁니까? 예수님이 말씀하신 교회는 누구에게 속하였습니까?

> 마 16:17-18 예수께서 대답하여 이르시되 바요나 시몬아 네가 복이 있도다. 이를 네게 알게 한 이는 혈육이 아니요 하늘에 계신 내 아버지시니라. 또 내가 네게 이르노니 너는 베드로라. 내가 이 반석 위에 내 교회를 세우리니 음부의 권세가 이기지 못하리라.

예수님은 베드로의 고백을 들으시고, 신약에서 처음으로 '교회'라는 단어를 사용하십니다. 베드로의 신앙고백은 "내 앞에 있는 당신은 목수의 아들이 아니라, 메시아 그리스도이십니다. 당신은 하늘에 속한 하나님 아버지의 아들이십니다"라는 의미입니다. 예수님은 "이 고백 위에, 이 반석 위에 나의 교회를 세우리라"고 하십니다. 베드로가 이 고백을 알게 된 것은 혈육의 도움도, 세상의 지혜도 아닙니다. 이것을 알게 해 주신 분은 하늘에 계신 하나님 아버지이십니다. 그러하기에 베드로는 하나님 아버지에게 속한 자입니다. 이 고백을 하는 교회 공동체는 "하나님의 소속된 가족입니다."

❸ 예수님이 세우시는 교회의 권세는 무엇입니까? 교회의 능력이 무엇인지 나누세요.

> 마 16:18-19 또 내가 네게 이르노니 너는 베드로라. 내가 이 반석 위에 내 교회를 세우리니 음부의 권세가 이기지 못하리라. 내가 천국 열쇠를 네게 주리니 네가 땅에서 무엇이든지 매면 하늘에서도 매일 것이요 네가 땅에서 무엇이든지 풀면 하늘에서도 풀리리라.

예수님이 세우시는 교회의 권세는 무엇입니까?

① 교회는 예수 그리스도의 소유입니다. 예수님은 "내 교회, 나의 교회를 세운다"고 하십니다. 미국 시민이 된다는 것은 미국 정부 소속이 되는 것이며 미국 정부가 시민을 책임을 지는 것입니다. 그처럼 교회는 하나님 소속이 되는 것이며 하나님이 책임집니다.

② 교회는 음부의 권세가 이기지 못합니다. 사탄의 최고의 권세는 죽음(음부)입니다. 교회의 주인은 그리스도이십니다. 그리스도는 십자가의 죽음을 통해서 사탄이 붙잡고 있는 죽음의 권세를 깨뜨리셨습니다(히2:14-15). 교회의 권세는 죽음을 두려워하지 않습니다.

③ 교회는 천국의 열쇠를 가졌습니다. 교회의 머리이신 그리스도는 죄를 사하는 권세를 가진 분입니다. 성도는 죄의 문제를 해결하고 하나님 나라로 들어가는 열쇠를 가진 자입니다. 이 교회의 권세를 바르게 알고, 이 능력을 회복해야 합니다.

❹ 바울은 교회를 무엇이라고 말합니까? 하나님은 교회 공동체를 어떻게 세워 가십니까?

엡 2:19-22 그러므로 이제부터 너희는 외인도 아니요 나그네도 아니요 오직 성도들과 동일한 시민이요 하나님의 권속이라. 너희는 사도들과 선지자들의 터 위에 세우심을 입은 자라. 그리스도 예수께서 친히 모퉁잇돌이 되셨느니라. 그의 안에서 건물마다 서로 연결하여 주 안에서 성전이 되어 가고, 너희도 성령 안에서 하나님이 거하실 처소가 되기 위하여 그리스도 예수 안에서 함께 지어져 가느니라.

바울은 성도들에게 "너희는 하나님 나라의 시민이다. 하나님의 권속(가족)이다"라고 합니다. 또한 "너희는 하나님의 성전이다"라고 합니다. 하나님은 교회를 돈이나 힘으로 지으신 것이 아닙니다. 하나님은 예수 그리스도의 십자가와 부활을 믿는 자들을 교회로 부르셨습니다. 교회로 부름을 받은 성도는 죄를 용서받았고, 의롭게 되었습니다. 성도들은 날마다 기초석이신 예수님을 항상 의지해야 하고, 다른 성도들과 연결되어 함께 성장해 갑니다.

❺ 성도들이 교회 공동체 안에서 복음을 적용할 때 나타나는 열매는 무엇입니까?

골 3:12-14 그러므로 너희는 하나님이 택하사 거룩하고 사랑받는 자처럼 긍휼과 자비와 겸손과 온유와 오래 참음을 옷 입고 누가 누구에게 불만이 있거든 서로 용납하여 피차 용서하되 주께서 너희를 용서하신 것 같이 너희도 그리하고 이 모든 것 위에 사랑을 더하라. 이는 온전하게 매는 띠니라.

엡 4:15 오직 사랑 안에서 참된 것을 하여 범사에 그에게까지 자랄지라. 그는 머리니 곧 그리스도라.

성도는 하나님이 택하셨고 거룩하고 사랑받는 자녀입니다. 성도들은 다른 지체들과 교제하며 서로 용납하고 용서해야 합니다. 주께서 우리를 용서해 주신 것 같이 다른 지체들의 약함과 죄를 용서하고 사랑해야 합니다. 성도들은 서로 다양하고 다르기에 갈등이 있습니다. 그러나 하나님이 용납하시고 용서하셨기에 서로 하나 됨을 지키고 한 몸이 되어야 합니다. 성도의 목표는 그리스도를 닮는 것입니다. 성도의 목표는 세상에서의 성공이나 부자가 되는 것이 아닙니다. 성도의 목표는 사랑 안에서 서로를 돌보고 진리를 말하며, 죄를 제거하고 그리스도를 닮아 가는 것입니다.

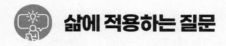 **삶에 적용하는 질문**

❶ "교회는 건물이 아니라 사람이다"라는 말은 무슨 뜻입니까? 교회가 무엇인지 대화하세요.

교회는 예배당 건물이 아닙니다. 교회는 예수 그리스도의 피로 용서받고 거룩해진 사람들의 모임입니다. 교회는
예수를 구원자로, 인생의 통치자로, 하나님의 아들로 믿는 사람들이 함께 모여 하나님과 교제하고, 다른 지체와 교
제하는 하나님의 가족 공동체입니다.

❷ 베드로는 "주는 그리스도시요 살아 계신 하나님의 아들이십니다"라고 고백합니다. 이 신앙고
백의 의미는 무엇입니까? 예수님은 이 반석 위에 어떤 교회를 세우시겠다고 약속하십니까?

예수님 당시에 사람들은 예수를 "세례요한과 같은 선생이다. 엘리야와 같이 능력을 행하는 선지자다"라고 했습니
다. 오늘날 세상의 지식인들, 대학 교수들, 일반 사람들도 예수를 단지 선생이나 능력자로 말합니다. 그러나 베드로
와 같이 우리도 "주는 그리스도이시고 살아계신 하나님의 아들입니다"라고 고백해야 합니다. 이것은 하나님이 알
려 주신 비밀입니다. 우리가 하나님께 속한 자녀라는 의미이고 우리는 교회 공동체의 일원입니다.

❸ 교회 공동체 안에서 복음으로 사는 5가지 원리는 무엇인지 설명해 보세요. 최근 교회 공동체
안에서 5가지 열매 중에서 가장 많이 성장한 것은 무엇인지 대화하세요.

교회 공동체 안에서 복음으로 사는 5가지 원리는 이것입니다.

① 하나님의 말씀의 진리를 서로 나누고 적용합니다.

② 성령이 주시는 힘으로 서로를 섬기고 돌봅니다.

③ 예수 그리스도의 용서받은 은혜로 서로 죄를 고백하고 용서합니다.

④ 성령이 행하시는 은혜의 증거를 찾아서 서로 격려합니다.

⑤ 승천하신 예수 그리스도의 은혜의 보좌 앞에 나아가 서로 함께 기도합니다.

최근 소그룹(공동체) 안에서 5가지 열매 중에서 성장한 것이 무엇인지 나누세요.

❹ 공동체 안에서 삼위 하나님을 경험하고 서로가 친밀한 공동체를 이룰 때, 더욱 자라야 하는 복음의 열매는 무엇입니까? 내가 더욱 성장해야 하는 영역은 무엇인지 나누세요.

교회가 공동체성을 잃어버리면 5가지 열매를 맺기 어렵습니다. 성도들은 복음을 삶에 어떻게 적용하는지 알지 못하고 가면을 쓰고 형식적인 교제를 할 수 있습니다. 공동체 안에 5가지 열매가 문화로 자리 잡는 일은 시간이 많이 필요합니다. 공동체의 모든 지체들이 복음을 명확히 이해하고 성령의 다스림을 받아야 열매를 맺을 수 있습니다. 우리 공동체가 가장 먼저 성장하기 원하는 영역은 무엇인지 나누어 주세요.

❺ 우리는 망가진 모습 그대로 그리스도의 은혜의 보좌에 나아갈 수 있습니다. 서로의 기도 제목을 나누고 함께 기도하세요.

스펄전의 〈은혜의 보좌〉를 다시 읽어 보십시오. 우리는 결점이 많고 얼룩이 많은 어린아이와 같습니다. 그러나 우리는 그리스도의 보혈을 힘입어 담대히 은혜의 보좌 앞에 나아갈 수 있는 하나님의 자녀입니다. 서로의 인생의 골짜기의 아픔, 기도 제목을 나누고 함께 기도하세요.

하나님의 구원의 은혜와 주권을 찬양하는 한 성도가 있습니다. 바울입니다. 바울은 감옥에서도 하나님이 그리스도 안에서 자신과 성도들에게 주신 하늘에 속한 모든 신령한 복을 찬양하고 있습니다. 삼위 하나님이 주권적으로 행하신 구원의 은혜가 무엇인지 확인합니다.

8과
하나님의 주권을 신뢰하는 삶

 ## 복음의 진리를 마음에 새기는 말씀

❶ 바울은 감옥에 있습니다. 바울이 감옥 안에서 하나님을 찬양하는 내용은 무엇입니까?

엡 1:3 찬송하리로다. 하나님 곧 우리 주 예수 그리스도의 아버지께서 그리스도 안에서 하늘에 속한 모든 신령한 복을 우리에게 주시되

바울은 일반 은총(건강, 물질, 성공 등)으로 찬양하고 있지 않습니다. 바울은 현재 초라한 감옥 안에 있습니다. 그럼에도 바울은 "찬송하리로다. 하나님"을 외칩니다. 바울은 하나님 아버지께서 그리스도 예수 안에서 하늘에 속한 모든 신령한 복을 자신과 에베소 성도에게 주셨다고 찬양하고 있습니다. 이 복은 사람의 노력과 힘으로 얻을 수 있는 복이 아닙니다. 이 복은 땅에 속한 복, 썩어 없어지는 복이 아니라, 하늘에 속한 복이고 쇠하지 않는 신령한 복입니다.

❷ 바울은 성부 하나님이 그리스도 안에서 베풀어 주신 구원의 복을 찬양합니다. 그 복은 무엇입니까?

엡 1:4-6 곧 창세전에 그리스도 안에서 우리를 택하사 우리로 사랑 안에서 그 앞에 거룩하고 흠이 없게 하시려고 그 기쁘신 뜻대로 우리를 예정하사 예수 그리스도로 말미암아 자기의 아들들이 되게 하셨으니 이는 그가 사랑하시는 자 안에서 우리에게 거저 주시는 바 그의 은혜의 영광을 찬송하게 하려는 것이라.

성부 하나님이 그리스도 안에서 베푸신 복은 무엇입니까?

① 창세 전에 우리를 택하신 복입니다.

② 우리를 하나님 앞에 거룩하고 흠이 없는 존재로 세우시려는 복입니다. 하나님은 우리와 영원히 하나님과 함께 살게 하려는 복입니다.

③ 우리를 하나님의 아들들이 되게 하신 복입니다. 우리를 자녀로 삼아 영원히 교제하는 복입니다. 바울은 하나님 아버지가 그리스도 안에서 주신 이 은혜로 주신 복, 은혜의 영광을 찬송한다고 말합니다.

❸ 바울은 성자 예수님이 베풀어 주신 구원의 복을 찬양합니다. 그 복은 무엇입니까?

엡 1:7-9,12 우리는 그리스도 안에서 그의 은혜의 풍성함을 따라 그의 피로 말미암아 속량 곧 죄 사함을 받았느니라. 이는 그가 모든 지혜와 총명을 우리에게 넘치게 하사 그 뜻의 비밀을 우리에게 알리신 것이요……이는 우리가 그리스도 안에서 전부터 바라던 그의 영광의 찬송이 되게 하려 하심이라.

성자 예수님이 베풀어 주신 복은 무엇입니까?

① 예수의 피로 말미암아 우리의 모든 죄를 사해 주신 복입니다. 우리에게 죄 사함의 은혜를 주시기 위해 죽을 수 없는 하나님의 아들이 성육신하시고 십자가에서 우리 대신 죽으셨습니다.

② 예수의 모든 지혜와 총명을 주시고 하나님의 뜻의 비밀을 알려 주신 복입니다. 우리는 예수님의 은혜의 영광을 찬송합니다.

❹ 바울은 성령 하나님이 구원을 위하여 행하시는 복을 찬양합니다. 그 복은 무엇입니까?

엡 1:13-14 그 안에서 너희도 진리의 말씀 곧 너희의 구원의 복음을 듣고 그 안에서 또한 믿어 약속의 성령으로 인치심을 받았으니 이는 우리 기업의 보증이 되사 그 얻으신 것을 속량하시고 그의 영광을 찬송하게 하려 하심이라.

성령 하나님이 행하시는 복은 무엇입니까?

① 우리가 진리의 말씀, 복음을 들을 때 믿게 하는 복입니다.

② 우리가 복음을 믿을 때 성령께서 인치신 복입니다. 인치심은 "너는 내 것이다. 너는 내 소유이다"는 의미입니다.

③ 성령이 우리 안에 임재하신 복입니다. 성도는 하늘 나라의 기업을 약속으로 받은 자인데, 성령이 보증이 되십니다. 성도는 이 성령의 구원하시는 은혜의 영광을 찬송합니다. 바울은 감옥 안에서 땅의 복(물질, 권세, 성공)을 자랑하는 것이 아닙니다. 삼위 하나님이 주권적인 능력으로 어떻게 구원하셨는지, 어떻게 자신의 삶을 인도하시는지를 찬양합니다.

❺ 하나님이 우리의 구원을 위하여 주권적으로 어떻게 일하십니까? 우리는 어떻게 참여합니까?

요 10:28-30 내가 그들에게 영생을 주노니 영원히 멸망하지 아니할 것이요 또 그들을 내 손에서 빼앗을 자가 없느니라. 그들을 주신 내 아버지는 만물보다 크시매 아무도 아버지 손에서 빼앗을 수 없느니라. 나와 아버지는 하나이니라.

딛 2:11-14 모든 사람에게 구원을 주시는 하나님의 은혜가 나타나 우리를 양육하시되 경건하지 않은 것과 이 세상 정욕을 다 버리고 신중함과 의로움과 경건함으로 이 세상에 살고 복스러운 소망과 우리의 크신 하나님 구주 예수 그리스도의 영광이 나타나심을 기다리게 하셨으니 그가 우리를 대신하여 자신을 주심은 모든 불법에서 우리를 속량하시고 우리를 깨끗하게 하사 선한 일을 열심히 하는 자기 백성이 되게 하려 하심이라.

예수님은 확신을 가지고 말씀하십니다. "내가 너희에게 영생을 주노니, 내 손에서 빼앗을 자가 없느니라. 내 아버지는 만물보다 크시매 아무도 아버지 손에서 빼앗을 수 없느니라"고 약속하십니다. 모든 사람을 구원하시는 것은

하나님의 은혜입니다. 또한 하나님의 은혜가 성도를 양육합니다.

① 하나님의 은혜가 성도의 경건하지 않은 것과 세상 정욕을 버리게 합니다.

② 하나님의 은혜가 성도를 경건하게 살게 하고 복스러운 소망을 기다리게 합니다.

그러므로 성도가 할 일은 하나님의 주권적인 구원의 은혜에 참여하는 것입니다. 성도도 날마다 성령을 의지하며 죄를 죽이는 데 협력해야 하고, 경건하게 사는 일에 참여해야 하고 예수 그리스도의 영광의 나타나심을 소망해야 합니다.

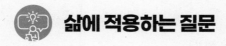 **삶에 적용하는 질문**

❶ 내가 예수님을 인격적으로 만날 때의 이야기를 간단히 나누세요. 하나님의 은혜는 나를 어떻게 변화시켰는지 대화하세요.

예수님을 인격적으로 만난 이야기를 서로에게 하세요. 우리가 언제, 누구를 만나서, 어떤 상황에서 복음을 들었는지, 하나님이 내 안에 행하신 은혜는 무엇인지 나누세요.

❷ 하나님의 주권을 신뢰하는 삶을 공부하면서 새롭게 알게 된 것은 무엇입니까? 나의 삶에 기쁨과 유익을 주는 것은 무엇입니까?

당신에게 하나님의 주권이란 주제가 생소합니까? 기쁨을 줍니까? 이 주제를 통해 내가 배운 것, 새롭게 알게 된 것을 나누세요. 이 주제가 나에게 기쁨과 힘을 주는 이유가 무엇인지 대화하세요.

❸ 가정에서 부모로서 살아갈 때 내가 해야 하는 책임(역할)은 무엇입니까? 하나님의 주권에 맡겨야 하는 것은 무엇인지 대화하세요.

가정에서 부모로서의 역할은 우리가 해야 하는 몫입니다. 부모가 해야 하는 역할은 온유와 친절, 사랑으로 자녀를 양육하는 것입니다. 하나님의 말씀을 정규적으로 가르치며 믿는 자의 본이 되는 것입니다. 그러나 부모는 자녀를 변화시킬 힘이 전혀 없습니다. 자녀의 마음을 변화시키는 것은 오직 성령이 하실 일입니다. 부모는 자녀의 죄와 약함에도 분노하지 않고 섬기는 사랑으로 돌보는 역할을 감당하며, 하나님이 자녀를 변화시켜 주실 것을 의뢰하고 맡겨야 합니다.

❹ 직장에서 그리스도인으로 살아갈 때 나의 역할은 무엇이고, 하나님을 의뢰해야 하는 것은 무엇입니까? 복음 전도자로 살아갈 때 내가 할 수 있는 책임은 무엇이고, 하나님의 주권을 의지해야 하는 것은 무엇입니까?

직장에서 그리스도인으로서 나의 역할은 무슨 일을 하든지 사람을 기쁘게 하는 것처럼 눈가림으로 하지 않고 주를 두려워하는 마음으로 주께 하듯 사람을 섬기는 것입니다(골 3:22-23). 우리는 직장의 사람들, 상사들의 마음을 바꿀 수 없습니다. 우리가 할 수 있는 역할은 직장에서 성실한 마음으로 하나님 앞에서 사는 일입니다. 또한 복음 전도자로서 할 수 있는 책임은 내 이웃을 존중하고 사랑으로 섬기는 일입니다. 기회가 되는 대로 인격적인 관계 안에서 이웃에게 복음의 기쁜 소식을 전하는 것입니다. 우리는 이웃에게 복음을 믿게 할 수 없습니다. 이것은 우리가 복음의 삶을 살 때, 성령께서 하시는 일입니다. 모든 말과 행동에 하나님의 주권적인 은혜를 의지해야 합니다.

❺ 두 사람이 함께 그리스도의 은혜의 보좌에 나아가 기도하세요. 최근 가정과 삶에 밀려오는 고난은 무엇입니까? 우리의 역할을 최선을 다해 행할 수 있도록, 하나님께서 사랑과 지혜로 돌보시기를 간구하세요.

최근 가정과 인생에 밀려오는 고난이 무엇인지 대화하세요. 하나님의 주권적 다스림을 함께 나누고, 이 골짜기에서 우리의 역할이 무엇인지 나누세요. 이 고난 안에서 하나님의 사랑과 지혜의 은혜를 함께 구하세요.

참고문헌

팀 켈러, 김건우 역, 『당신을 위한 로마서 1』(서울: 두란노, 2014).

가이 워터스, 신호섭 역, 『칭의란 무엇인가』(서울: 부흥과 개혁사, 2011).

제리 브리지스, 오현미 역, 『견고함』(서울: 두란노, 2010).

제리 브리지스, 『날마다 자신에게 복음을 전하라』(서울: 네비게이토, 2005).

제리 브리지스, 『하나님을 의뢰함』(서울: 네비게이토출판사, 2007).

제리 브리지스, 『진정한 교제』(서울: 네비게이토출판사, 2000).

존 맥아더, 황성철 역, 『복음을 부끄러워하는 교회』(서울: 생명의 말씀사, 2010).

존 파이퍼, 이은이 역, 『결혼신학』(서울: 부흥과 개혁사, 2010).

존 파이퍼, 주지현 역, 『로마서 강해 2』(서울: 좋은씨앗, 2014).

존 파이퍼, 전의우 역, 『하나님을 기뻐할 수 없을 때』(서울: IVP, 2005).

존 파이퍼, 차성구 역, 『믿음으로 사는 즐거움』(서울: 좋은 씨앗, 2009).

존 파이퍼, 송영자 역, 『남자와 여자 무엇이 다른가』(서울: 부흥과 개혁사, 2005).

존 파이퍼, 오현미 역, 『독트린 매터스』(서울: 복있는 사람, 2014).

마틴 로이드 존스, 이용태 역, 『영적 침체와 치유』(서울: 기독교문서선교회, 2008).

C. J. 매허니, 홍종락 역, 『죄와 세상을 이기는 능력, 십자가』(서울: 요단, 2006).

C. J. 매허니, 조계광 역, 『겸손』(서울: 생명의 말씀사, 2007).

폴 트립, 김윤희 역, 『완벽한 부모는 없다』(서울: 생명의 말씀사, 2017).

폴 트립, 황규명 역, 『치유와 회복의 동반자』(서울: 디모데, 2007).

스펄전, 『스펄전 설교전집: 히브리서』(대구: 보문출판사, 1994).

웨인 그루뎀, 노진준 역, 『조직신학(상)』(서울: 은성, 2006).

안드레아스 쾨스텐버거, 데이비드 존스, 윤종석 역, 『성경의 눈으로 본 결혼과 가정』 (서울: 아바서원, 2016).

리처드 필립스, 조계광 역, 『남자의 소명』(서울: 지평서원, 2013).

박영돈, 『일그러진 한국교회의 얼굴』(서울: IVP, 2013).

아더 핑크, 임원주 역, 『하나님의 주권』(서울: 예루살렘, 2004).

케빈 드영, 신지철 역, 『왜 우리는 하이델베르크교리문답을 사랑하는가』(서울: 부흥과 개혁사, 2012).

복음에
견고한
그리스도인